DIREITOS HUMANOS

HISTORICIDADE CRÍTICA DESDE O GIRO DESCOLONIAL *NUESTROAMERICANO*

DIREITOS HUMANOS

HISTORICIDADE CRÍTICA DESDE O GIRO DESCOLONIAL *NUESTROAMERICANO*

Lucas Machado Fagundes
Andriw de Souza Loch

Copyright © 2020 by Editora Letramento

DIRETOR EDITORIAL | Gustavo Abreu
DIRETOR ADMINISTRATIVO | Júnior Gaudereto
DIRETOR FINANCEIRO | Cláudio Macedo
LOGÍSTICA | Vinícius Santiago
COMUNICAÇÃO E MARKETING | Giulia Staar
EDITORA | Laura Brand
ASSISTENTE EDITORIAL | Carolina Fonseca
REVISÃO | LiteraturaBr Editorial
DESIGNER EDITORIAL | Gustavo Zeferino e Luís Otávio Ferreira
FOTO DA CAPA | Elias Arias / Unsplash
CONSELHO EDITORIAL | Alessandra Mara de Freitas Silva; Alexandre Morais da Rosa; Bruno Miragem; Carlos María Cárcova; Cássio Augusto de Barros Brant; Cristian Kiefer da Silva; Cristiane Dupret; Edson Nakata Jr; Georges Abboud; Henderson Fürst; Henrique Garbellini Carnio; Henrique Júdice Magalhães; Leonardo Isaac Yarochewsky; Lucas Moraes Martins; Luiz Fernando do Vale de Almeida Guilherme; Nuno Miguel Branco de Sá Viana Rebelo; Renata de Lima Rodrigues; Rubens Casara; Salah H. Khaled Jr; Willis Santiago Guerra Filho.

Todos os direitos reservados.
Não é permitida a reprodução desta obra sem aprovação do Grupo Editorial Letramento.

Dados Internacionais de Catalogação na Publicação (CIP) de acordo com ISBD

F156d	Fagundes, Lucas Machado
	Direitos Humanos: historicidade crítica desde o giro descolonial Nuestroamericano / Lucas Machado Fagundes, Andriw de Souza Loch. - Belo Horizonte : Letramento ; Casa do Direito, 2020.
	132 p. ; 14cm x 21cm.
	Inclui bibliografia.
	ISBN: 978-85-9530-387-4
	1. Direitos Humanos. I. Loch, Andriw de Souza. II. Título.
	CDD 341.4
2020-395	CDU 341.4

Elaborado por Vagner Rodolfo da Silva - CRB-8/9410

Índice para catálogo sistemático:
1. Direitos Humanos 341.4
2. Direitos Humanos 341.4

Belo Horizonte - MG
Rua Magnólia, 1086
Bairro Caiçara
CEP 30770-020
Fone 31 3327-5771
contato@editoraletramento.com.br
editoraletramento.com.br
casadodireito.com

Casa do Direito é o selo jurídico do Grupo Editorial Letramento

[...] o bom governante na América não é o que sabe como se governa em alemão ou francês, mas o que sabe de quais elementos esta composto o seu país, e como pode ir guiando-nos juntos, para chegar, por métodos e instituições nascidas no país mesmo, à aquele estado que apetece, onde cada homem se conhece e exerce, e desfrutam todos da abundancia que a natureza pôs para todos, no povo que fecunda com seu trabalho e defende com suas vidas. O governo tem que nascer do país. O espírito do governo tem que ser o do país. A forma do governo tem que advir da constituição própria do país. O espírito do governo não é mais que o equilíbrio dos elementos naturais do país. (MARTÍ, 1973, p. 16)

SUMÁRIO

9   PREFÁCIO

11   APRESENTAÇÃO

17   1. O PENSAMENTO CRÍTICO DESCOLONIAL
26   1.1. As latitudes sóciohistóricas da epistemologia descolonial
38   1.2. O projeto da diferença colonial como sistema-mundo
46   1.3. Giro descolonial: irrompendo criticidade na genealogia da modernidade.

73   2. HISTORICIDADE CRÍTICA DOS DIREITOS HUMANOS
75   2.1. Da Criticidade descolonial à historicidade moderna dos direitos humanos
87   2.2. Descolonialidade e Transmodernidade: as contribuições do pensamento crítico desde a realidade latino-americana
93   2.3. As dimensões históricas dos direitos humanos na modernidade: uma reflexão crítica desde o giro descolonial
113   2.4. Por outra historicidade humanista desde a realidade *nuestroamericana*

123   CONCLUSÃO

125   BIBLIOGRAFIA

PREFÁCIO

A obra que chega ao público trata do resultado dos projetos de pesquisa do grupo denominado Constitucionalismo Crítico *Nuestroamericano*, vinculado ao Mestrado em Direitos Humanos e Sociedade da Universidade do Extremo Sul Catarinense (UNESC), Criciúma, Santa Catarina, Brasil.

Em especial, as reflexões aqui propostas são oriundas dos estudos descoloniais que os integrantes do referido grupo vêm realizando no âmbito das suas pesquisas (em nível de iniciação científica e mesmo de mestrado), dentre as quais destaca-se a trajetória acadêmica dos dois jovens pesquisadores e autores desta obra.

Por essa razão, o leitor não encontrará nas linhas que seguem um relatório histórico-analítico ou revisionista, nem mesmo uma retórica narrativa historicista; trata-se, isto sim, de uma historicidade crítica de caráter pontualmente descolonial que atende às preocupações do nosso continente por recuperar uma tradição histórica concreta das lutas por direitos humanos.

Dessa forma, poderíamos classificar o livro como a abertura de possibilidades reflexivas críticas, uma autêntica ampliação de horizontes de saberes no tocante à teoria histórica dos direitos humanos, que rompe com as narrativas modernas na temática, ao mesmo tempo que amplia as discussões para além das dimensões/gerações, preocupando-se com a discursividade temporal da modernidade em sua faceta colonizadora no campo do saber em direitos humanos.

Portanto, caro(a) leitor(a), em suas mãos não está mais uma leitura padrão sobre os direitos humanos, mas o resultado de pesquisa científica crítica que traz uma provocativa reflexão sobre a maneira de entender os direitos humanos. Tal postura abre um diálogo que busca demonstrar as limitações das narrativas evolutivas modernas sobre os direitos humanos e atravessa a teoria crítica descolonial como marco de análise que evita o encobrimento das lutas na historicidade *Nuestroamericana*; enfim, dá-se prosseguimento criativo ao pensamento jurídico crítico[1].

Criciúma, Santa Catarina, Brasil, inverno de 2019.

Prof. Dr. Antonio Carlos Wolkmer
Coordenador do Mestrado em Direitos Humanos
Universidade do Extremo Sul Catarinense

---

[1] WOLKMER, Antonio Carlos. *Introdução ao pensamento jurídico crítico*. 9. ed. São Paulo: Saraiva, 2015.

APRESENTAÇÃO

A presente obra é fruto da trajetória de pesquisa dos autores iniciada, em 2015,[2] na Universidade do Extremo Sul Catarinense em Criciúma – Santa Catarina, na qual foram debatidas e desenvolvidas preocupações com as mazelas da realidade continental, isso tudo na medida em que iam avançando os estudos na temática dos direitos humanos. Assim, aqui reflete apenas um recorte de tais preocupações, em especial à questão da historicidade dos direitos humanos; afinal mesmo algumas doutrinas críticas se limitam a visualizar a evolução histórica dos direitos humanos com uma perspectiva marcada pela colonialidade (epistêmica/saber), pois estas doutrinas não logram romper com a tradicional narrativa desde os acontecimentos da revolução francesa, em 1789, como marco inaugural, passando pelas dimensões sociais das primeiras décadas do século XX e a dimensão fraterna do pós-guerra em 1945.

Por esta razão, os artífices da obra sentiram a necessidade de fazer chegar ao público leitor uma provocação em torno da narrativa histórica dos direitos humanos, contribuindo com suportes teóricos que levam à reflexão sobre as dimensões da temática central. Isso é importante situar porque a forma de recordar a evolução dos direitos humanos é por

---

[2] Esta obra, trata-se de versão ampliada e didaticamente preparada na forma de livro do artigo publicado na Revista "Direito e Práxis" da UERJ, em 2019, com o título "Crítica das dimensões modernas: a historicidade dos direitos humanos desde o giro descolonial nuestroamericano". V 10, n. 4, pp. 2736 - 2775.

si um desperdício de experiências históricas[3], afinal as realidades concretas que no contexto colonial lutaram por vida, liberdade e descolonialidade não foram meros antecedentes históricos dos direitos humanos, mas propriamente lutas sociais que almejaram conteúdos substanciais que dizem respeito à temática.

Logo, mais que a preocupação sobre a questão generacional ou dimensional, o pensamento jurídico crítico aqui proposto inova ao provocar justamente a própria noção histórica dimensional, justamente pelos limites apresentados nos dados históricos da narrativa moderna dos direitos humanos ao tempo da revolução de 1789, localizando os acontecimentos anteriores como precedentes. Este tipo postura, comum nos livros de direitos humanos, é reposicionada pelo pensamento crítico descolonial, antes que nada pela própria compreensão de que a narrativa moderna é como a própria modernidade um fenômeno de duas caras, na qual uma delas é noção evolutiva e progressiva desde acontecimentos pós-revolucionários liberais eurocêntricos e, a outra, a colonialidade encobridora das experiências históricas nas realidades coloniais como a *Nuestroamericana*.

Ademais, os direitos humanos não podem ser entendidos apenas nos marcos jurídicos positivos a partir da Declaração dos Direitos do Homem e do Cidadão de 1789, pois são amplas lutas sociais de movimentos populares[4] na busca de depositar os seus anseios por transformação das realidades históricas injustas que estes setores vivencia(ra)m, tais como as lógicas das hecatombes coloniais (indígena e negra) e atualmente as perversidades provocadas pela globocolonialidade.

Assim sendo, a importância de reposicionar uma narrativa histórica dos direitos humanos trata-se de recuperar as expe-

---

3 SANTOS, Boaventura de Sousa. *A crítica da razão indolente*: contra o desperdício de experiência. 8.ed. Portugal: Cortez, 2011.

4 GALLARDO, Helio. *Derechos Humanos como movimiento social*. Bogotá: Ediciones desde abajo, 2009, pp. 58-62.

riências concretas das lutas históricas que revelam a amplitude e mesmo a disputa por um conceito "próprio" e próximo do cotidiano dos sujeitos vivos, afinal os direitos humanos se fazem e refazem[5] na práxis sócio-político das pessoas que vivem a injustiça legalizada[6].

Outro fator relevante para a discussão histórica conceitual, além da ampliação do conceito de direitos humanos e da recuperação de experiências invisibilizadas, é o fato de nunca antes na história da humanidade se fala tanto em direitos humanos ao passo que estão sendo grotescamente violados. Na linha do entendimento de Helio Gallardo[7], há uma abissal diferença entre o que se predica e aquilo que se pratica de direitos humanos, isso é um fato a ser debatido e refletido, começando pelo conceito e pela evolução da histórica da temática.

Por isso o pensamento descolonial irá operar no sentido da crítica à limitação histórico conceitual, ao mesmo tempo em que propõe a ampliação e a recuperação de outras narrativas; estes são os elementos que o(a) leitor(a) vai encontrar na obra, trata-se da tarefa que se propuseram os autores em suas pesquisas e que aqui publica-se com a intenção de disseminar o debate para que avance.

Nesse sentido, o livro está organizado em dois capítulos que servem como um breve percurso didático para aqueles que desejam iniciar os seus estudos jurídicos críticos descoloniais aplicados aos direitos humanos; vale mencionar

---

[5] SÁNCHEZ RUBIO, David. *Encantos y desencantos de los derechos humanos*. De emancipaciones, liberaciones y dominaciones. Barcelona: Icaria, 2011.

[6] DE LA TORRE RANGEL, Jesús Antonio. *Derecho y liberación*: pluralismo jurídico y movimientos sociales. Bolivia: Editorial Verbo Divino, 2010, p. IX.

[7] GALLARDO, Helio. *Teoria crítica*: matrizes e possibilidades de direitos humanos. São Paulo: Editora Unesp, 2014, pp. 21-35.

que seguindo a prática expositiva de David Sánchez Rubio[8], cabe dois anúncios: o primeiro diz respeito ao fato de que a temática aqui proposta visa atingir às pessoas que tenham sensibilidade pela alteridade e logo por direitos humanos e, em segundo lugar, refletiremos desde o eco de várias vozes as quais serão devidamente referenciadas.

No primeiro capítulo, o(a) leitor(a) vai encontrar uma densa revisão das principais categorias do pensamento crítico descolonial. O objetivo é que possam ser encontradas diversas possibilidades para a reflexão crítica ao pensamento jurídico dos direitos humanos, por isso iniciar a exposição do livro pelo marco teórico reflexivo que embasou as análises dos pesquisadores, já é possível ao interlocutor(a) saber os direcionamentos que serão dados na sequência.

Já no segundo capítulo, trata-se propriamente da problematização com as circunstâncias evolutivas das narrativas históricas na modernidade. Assim, é importante que se tenha noção do que se trata o pensamento crítico descolonial para avançar ao segundo capítulo e encontrar a proposta de historicidade descolonial. Este capítulo segundo é provocativo e ao mesmo tempo busca reposicionar a maneira de pensar a evolução dos direitos humanos pelo viés do pensamento crítico descolonial.

Por fim, cumpre agradecer à Universidade do Extremo Sul Catarinense (Unesc), que por meio da Reitoria e da Pró-Reitoria de Pós-Graduação, Pesquisa e Extensão (Propex) possibilitaram apoio financeiro por intermédio do Pró-Stricto para realização das pesquisas e consolidação deste material. No mesmo sentido, vale informar que foi no âmbito do Programa de Pós-graduação em Direito (Mestrado em Direito) da Unesc, através das disciplinas ofertadas e nas pesquisas do grupo de estudos e pesquisas em pensamento

---

[8] SÁNCHEZ RUBIO, David. *Derechos humanos instituyentes, pensamiento crítico y praxis de liberación*. Madrid: Akal, 2018.

jurídico crítico que as ideias foram sendo concretizadas da maneira que aqui se apresentam.

Portanto, aqui o(a) leitor(a) não irá encontrar uma obra que densamente aborda outros fenômenos históricos dos direitos humanos, nem propriamente receitas elaboradas para serem disseminadas ou universalizadas mas, a aplicação de um dos vieses do pensamento jurídico crítico[9] que pretende inspirar e provocar o avanço no campo da historicidade[10] descolonial dos direitos humanos.

Boa leitura!
Criciúma, Santa Catarina,
Brasil, inverno de 2019.
Os autores

---

9 Sobre pensamento jurídico crítico desde América Latina ver: WOLKMER, Antonio Carlos. *Teoría crítica del derecho desde América Latina*. Madrid: Akal, 2017.

10 Segundo Alejandro Rosillo, historicizar é buscar o sentido das práxis na transformação da realidade histórica. Sobre o tema ver: ROSILLO, Alejandro. *Praxis de liberación y derechos humanos*: una introducción al pensamiento de Ignacio Ellacuría. México: Facultad de Derecho de la Universidad Autónoma de San Luis de Potosí; Comisión Estatal de Derechos Humanos de San Luis de Potosí, 2008.

1.
O PENSAMENTO CRÍTICO DESCOLONIAL

Ao adentrar os estudos sobre o pensamento crítico descolonial é importante localizar a origem da proposta, por essa razão Susana Sacavino e Vera Maria Candau[11] destacam que na década de 1990 apareceu o grupo de pesquisadores denominado como Modernidade/Colonialidade. A perspectiva descolonial foi articulada por intelectuais[12] que desenvolveram um projeto com viés epistemológico, político, histórico, social e filosófico. O objetivo do grupo "[...] en síntesis, de una construcción alternativa a la modernidade eurocêntrica,

---

[11] SACAVINO, Susana; CANDAU, Vera Maria. *Multiculturalismo, interculturalidad y educación*: contribuciones desde América Latina. Colección primeros pasos. Bogotá: Ediciones desde abajo, 2015.

[12] "El grupo está conformado, predominantemente, por intelectuales de América Latina y presenta un carácter heterogéneo y transdisciplinar. Las figuras centrales de grupo son el filósofo argentino Enrique Dussel, el sociólogo peruano Aníbal Quijano, el simiólogo y teórico cultural argentino-norteamericano Walter Mignolo, el sociólogo puertorriqueño Ramón Grosfoguel, la lingüista norteamericana radica en Ecuador, Catherine Walsh, el filósofo puertorriqueño Nelson Maldonado Torres, el antropólogo colombiano Arturo Escobar, entre otros. Cabe resaltar que este grupo mantiene diálogos y actividades académicas conjuntas con el sociólogo norteamericano Immanuel Wallerstein". SACAVINO, Susana; CANDAU, Vera Maria. *Multiculturalismo, interculturalidad y educación*: contribuciones desde América Latina. Colección primeros pasos. Bogotá: Ediciones desde abajo, 2015, p. 96.

tanto en su proyecto de civilización, como en sus propuestas epistêmicas"[13].

Por esta razão, ao se nomear uma atividade de pesquisa como pensamento crítico significa demarcar uma postura reflexiva desde as diversas áreas das ciências humanas que buscam se posicionar de forma alternativa ao pensamento hegemônico das ciências modernas; afinal, tal hegemonia é produtora de encobrimentos de experiências históricas ao mesmo tempo em que produz conhecimentos subalternizados. Sob este viés, as práticas dos sujeitos que se encontram à margem ou excluídos dos centros da hegemonia são capturadas e dominadas, tornando o conhecimento um instrumento de dominação ao invés de libertação.

Assim sendo, o ponto de partida do pensamento crítico descolonial é o entendimento de que "La colonialidad es constitutiva de la modernidad, y no derivada"[14] o que leva a reflexão de que a modernidade e a colonialidade são diferentes faces da mesma moeda.

Contudo, falar de descolonialidade implica diferenciar alguns conceitos centrais:

> Según Quijano, colonialismo y colonialidad son conceptos diferentes, aun estando relacionados. El colonialismo se refiere a un patrón de dominación y explotación en donde: "El control de la autoridad política, de los recursos de producción y del trabajo de una población determinada posee una identidad diferente y sus sedes centrales están, además, en otra jurisdicción territorial. Sin embargo, no siempre y no necesariamente, implica relaciones racistas de poder. El colonialismo es, obviamente, más antiguo; sin embargo, la colonialidad probó ser, en los últimos 500 años, más profunda y duradera que el colonialismo. Además, sin duda fue forjada dentro de este. Más aún, sin él,

---

[13] SACAVINO, Susana; CANDAU, Vera Maria. *Multiculturalismo, interculturalidad y educación*: contribuciones desde América Latina. Colección primeros pasos. Bogotá: Ediciones desde abajo, 2015, p. 96.

[14] SACAVINO, Susana; CANDAU, Vera Maria. *Multiculturalismo, interculturalidad y educación*: contribuciones desde América Latina. Colección primeros pasos. Bogotá: Ediciones desde abajo, 2015, p. 97.

la colonialdad no habría podido imponerse a la intersubjetividade de modo tan arraigado y prolongado". También Nelson Maldonado Torres estabeleció una diferencia entre estos dos conceptos, de manera más clara: "El colonialismo denota una relación política y económica en la que la soberanía de un pueblo está en poder de otro pueblo o nación, lo que constituye a la referida nación en un imperio. La colonialidad difere de esta idea, puesto que se refiere a un padrón de poder que surge como resultado del colonialismo moderno, pero en vez de limitarse a una relación formal de poder entre los pueblos o naciones, se relaciona a la manera como el trabajo, el conocimiento, la autoridad y las relaciones intersubjetivas se articulan entre sí por medio del mercado capitalista mundial y de la idea de raza. De esta manera, a pesar de que el colonialismo le precede a la colonialidad, ésta sobrevive al colonialismo. Se mantiene viva en textos didácticos, en los criterios para el buen trabajo académico, en la cultura, en el sentido común, en la autoimagen de los pueblos, en las aspiraciones de nuestra experiencia moderna. En este sentido, respiramos la colonialidad en la modernidad cotidianamente".[15]

Tendo isso em vista, o que segue pós-emancipação das colônias latino-americanas, dos vice-reinados ou dos reinados unidos como foi o caso do Brasil à Portugal e Algarves, ou mesmo das ex-colônias africanas e asiáticas é um processo de colonialidade: "A pesar de haber acabado el colonialismo tradicional, para los autores del grupo 'Modernidad/Colonialidad', las estruturas subjetivas, los imaginarios y la colonización epistemológica aún se encuentran fuertemente presentes"[16]. Sendo assim é imperioso destacar que aquilo que se denomina "eurocentrismo" também é uma caraterística dos povos que foram educados com base nos conheci-

---

15 SACAVINO, Susana; CANDAU, Vera Maria. *Multiculturalismo, interculturalidad y educación*: contribuciones desde América Latina. Colección primeros pasos. Bogotá: Ediciones desde abajo, 2015, p. 99.

16 SACAVINO, Susana; CANDAU, Vera Maria. *Multiculturalismo, interculturalidad y educación*: contribuciones desde América Latina. Colección primeros pasos. Bogotá: Ediciones desde abajo, 2015, p. 100.

mentos produzidos por esta denominação[17]. A colonialidade persiste como projeto de dominação epistêmica desde a violenta imposição de uma narrativa linear, tal vai ser o caso do discurso dimensional dos direitos humanos, que olvida propositalmente as experiências descoloniais dos povos indígenas e negros no regime colonial, ao mesmo tempo em que potencializa como "universal" as lutas dos setores populares na França revolucionária do final do século XVIII.

Em razão dos argumentos acima, este trabalho irá priorizar o debate descolonial, afinal "De ahí surge la perspectiva de introducir epistemes invisibilizadas y subalternizadas, al tempo que se critica la colonialidad del poder"; tal é o caso da aplicação que será feita nas práxis sócio-históricas descoloniais que serão priorizadas no segundo capítulo. A importância atribuída por Sacavino e Candau pode ser destacada da segunda maneira:

> Por lo tanto, la decolonialidad es visibilizar las luchas contra la colonialidad a partir de las personas, de sus prácticas sociales, epistémicas y políticas. La decolonialidad representa una estrategia que va más allá de la transformación de la decolonización, o sea, supone también construcción y creación. Su meta es la reconstrucción radicar del ser, del poder y del saber.[18]

Diante das contribuições das autoras, que auxiliam na apresentação da temática, cabe avançar no sentido de que o pensamento social moderno é hegemônico, pois prioriza as vertentes "euro-usa-cêntricas"[19] ao passo que subalterniza e mesmo invisibiliza as práticas e outras formas de conhecer e saber que não fazem parte do seu âmbito geo-epistê-

---

[17] SACAVINO, Susana; CANDAU, Vera Maria. *Multiculturalismo, interculturalidad y educación*: contribuciones desde América Latina. Colección primeros pasos. Bogotá: Ediciones desde abajo, 2015, p. 101.

[18] SACAVINO, Susana; CANDAU, Vera Maria. *Multiculturalismo, interculturalidad y educación*: contribuciones desde América Latina. Colección primeros pasos. Bogotá: Ediciones desde abajo, 2015, p. 109.

[19] WALSH, Catherine. *Interculturalidad crítica y (de)colonialidad*: ensayos desde AbyaYala. Quito: Abya Yala, 2012, p. 125.

mico (já que não é limitado ao espaço territorial). Essa forma de dominação pelo conhecimento consolida aquilo que Boaventura de Sousa Santos[20] chama de "desperdício de experiências", por conta de que a modernidade e a produção dos conhecimentos modernos operam pelo viés da canonização de algumas formas de produção das ideias, bem como encobrimento de outras práticas e conhecimentos. Entre os cânones do pensamento moderno aparece os direitos humanos na sua face formalista nos discursos jurídicos.

Delimitando-se esta postura reflexiva, vale destacar aquilo que o grupo de pesquisa interdisciplinar Modernidade/colonialidade classificou como a "Outra face da modernidade" – a colonialidade –, que opera a perspectiva da razão encobridora moderna. Recordando que a proposta do grupo mencionado não foi rechaçar, nem mesmo desconstruir os avanços e contribuições das Ciências Sociais modernas, ao contrário[21]. Trata-se, então, como definiu Enrique Dussel de "*subsumir*

---

[20] SANTOS, Boaventura de Sousa. *A crítica da razão indolente*: contra o desperdício de experiência. 8.ed. Portugal: Cortez, 2011.

[21] No mesmo sentido Wolkmer: "As matrizes críticas de edificação de um pensamento libertador autenticamente latino-americano há de ser encontrado na experiência histórica e no imaginário utópico do sincretismo cultural proveniente dos mundos indígena e negro, e do povo oprimido. Não se trata de negar as formas teóricas de conhecimento da tradição ocidental, tampouco as conquistas inerentes ás práticas emancipadoras da modernidade, mas buscar construir um modo de vida assentado em novos paradigmas de legitimidade e de racionalização. WOLKMER, Antonio Carlos. Fundamentos da crítica no pensamento político e jurídico latino-americano". In: WOLKMER, Antonio Carlos. (Org.). *Direitos Humanos e Filosofia Jurídica na América Latina*. Rio de Janeiro: Lumen Juris, 2004.

criticamente"[22] o pensamento moderno, provocando-o desde a exterioridade Analética[23] da América Latina.

Por conta das contribuições destes estudos nas ciências sociais críticas, a presente obra busca abordar desde a teoria de base um viés e recorte *Nuestroamericano*[24]. Se as ciências sociais críticas são aberturas nos paradigmas da modernidade científica para observar outras práticas (alternativas) que, em geral, são encobertas pela colonialidade do saber[25]; logo, estas tendências críticas devem priorizar o enfoque continental na busca de recuperar as experiências encobertas e redimensioná-las na interpretação reflexiva e crítica do pensamento próprio e situado.

---

[22] "'Subsumir' (del latín subsuntio, del alemán Subsumption) es el verbo usado por Kant que indica el acto de 'inferencia' de las premisas mayor y menos del silogismo en la conclusión. Hegel usó la palabra 'Aufhebung', Marx en cambio la de 'Subsumption'. Se trata de 'in-corporar' un momento exterior en la Totalidad: suprime la exterioridad, transubstancia el momento exterior, y lo totaliza como determinación interna de la Totalidad". DUSSEL, E. *Materiales para una Política de la Liberación*. México: Plaza y Valdez S.A., 2007a, p. 206.

[23] "O método analético parte da palavra do outro enquanto livrem como um além do sistema da totalidade. a palavra do ouro, exterior à totalidade, só é interpelável analeticamente. O eu interpreta a palavra do outro a partir da totalidade da própria experiência do eu. Entretanto, essa palavra do outro que transcende o próprio fundamento do eu, é palavra histórica que o eu não pode interpretar adequadamente, porque seu fundamento não é razão suficiente para explicar um conteúdo que, provindo do outro, escapa à história do eu, pois é história do outro. Dai decorre que na busca da interpretação da palavra do outro, o eu deve ascender até o âmbito do outro, tendo que crer no que lhe é dito e julgando-se sob esta palavra que ouve". MANCE, Euclides. Uma introdução conceitual às Filosofias da Libertação. *Revista Libertação-Liberación*. Revista de filosofia. Curitiba, v. 1, Nova Fase, 2000, p. 49.

[24] MARTÍ, José. *Nuestra América*. Barcelona: Ariel, 1973.

[25] LANDER, Edgardo (Org.). *A colonialidade do saber*: eurocentrismo e ciências sociais. Perspectivas latinoamericanas. Colección Sur Sur, CLACSO, Ciudad Autônoma de Buenos Aires, Argentina. set 2005.

O ponto de partida da referida crítica descolonial é a questão da colonialonialidade como a face oculta da ideia "evolutiva" da modernidade, ou seja, parte-se do pressuposto de que a modernidade produziu uma racionalidade de mundo que foi gestada antes de 1492 como subjetividade de dominação[26], algo que Hinkellamert, subsumindo à Marx, chama de fetichismo, ou seja, produz-se sob o discurso de liberdade e de emancipação as mais atrozes relações de domínio[27]. Essa reflexão pode ser atualizada com a problemática proposta por Juan José Bautista da seguinte maneira: "El problema es ¿por qué en medio de tanto conocimiento "supuestamente verdadero", de tanto desarrollo científico y tecnológico sin precedentes, hay tanta acumulación de miseria y tanta injusticia y destrucción de la naturaleza a niveles nunca antes imaginados?"[28]; a resposta se encontra na irracionalidade do racionalizado[29] que Hinkelammert trabalha em sua obra como o tipo de racionalidade da Modernidade, ou como afirma Bautista: " […] la modernidad se ha convertido en el termidor de las esperanzas de la humanidad"[30].

Seguindo esse caminho reflexivo, Bautista recorda que:

---

26 BAUTISTA S., Juan José. Prólogo. In: HINKELAMMERT, Franz Josef. *Totalitarismo del mercado*. El mercado capitalista como ser supremo. Madrid: Akal, 201, p. 6.

27 BAUTISTA S., Juan José. Prólogo. In: HINKELAMMERT, Franz Josef. *Totalitarismo del mercado*. El mercado capitalista como ser supremo. Madrid: Akal, 201, p. 6.

28 BAUTISTA S., Juan José. Prólogo. In: HINKELAMMERT, Franz Josef. *Totalitarismo del mercado*. El mercado capitalista como ser supremo. Madrid: Akal, 201, p. 6.

29 HINKELAMMERT, Franz. La maldición que pesa sobre la ley: Las raíces del pensamiento crítico en Pablo de Tarso / Hinkelammert, Franz –1a ed.– San José: Costa rica: Editorial Arlekín, 2010, p. 298

30 BAUTISTA S., Juan José. Prólogo. In: HINKELAMMERT, Franz Josef. *Totalitarismo del mercado*. El mercado capitalista como ser supremo. Madrid: Akal, 201, p. 7.

> La hipótesis más fuerte que Hinkelammert sostiene en este libro es que la Modernidad, como forma de racionalidad, se funda en la justificación racional de un "asesinato fundante" que se podría resumir en: Yo soy, si tú no eres, donde el tú no es sólo otro ser humano, sino también la naturaleza. Esto es, el "ego" moderno —como yo— "es" o se realiza a costa de la negación de otro ser humano. Este proceso habría empezado con la negación de la humanidad de los pueblos originarios, de los africanos esclavizados, de las culturas dominadas por Europa y ahora por Estados Unidos, y habría continuado con la denigración de la naturaleza a mercancía y objeto explotable.[31]

O marco da modernidade para os pensamentos críticos descoloniais *nuestroamericanos* aparece em 1492 como data base da hermenêutica do sistema-mundo com hegemonia eurocêntrica voltada para a dominação, E. Dussel situa historicamente esta questão:

> Desde el siglo XV la cultura periférica y secundaria, Europa, expande dialécticamente su horizonte e "incluye" (subsume) sólo y en primer lugar a Amerindia (de México al Perú, la más rico en metales preciosos y la más poblado urbanamente). Tres siglos necesitará Europa, acumulando riqueza y tecnología militar, controlando el poder y progresando en el manejo (managment) de la "centralidad" del Sistema-Mundo (desde ahora no ya en el sentido de Wallerstein, sino admitiendo muchos aspectos de la autopoiesis del "sistema" à la Luhmann49), para comenzar a ocupar territorialmente ciertas regiones del Asia, y desde el Congreso de Berlín (en 1885, hace sólo un siglo), puede "invadir" el África. La pretendida "superioridad" de Europa sólo se ejerció desde el siglo XV sobre las culturas amerindias, que desconocían el hierro, la pólvora y el caballo -no así el Africa y Asia que resistieron hasta el tiempo de la revolución industrial, lo que demuestra que en el siglo XV no había la tan mentada "superioridad" europea-. El "mundo colonial" es la víctima; es un mundo negado y escindido, excluido[32].

---

31 BAUTISTA S., Juan José. Prólogo. In: HINKELAMMERT, Franz Josef. *Totalitarismo del mercado*. El mercado capitalista como ser supremo. Madrid: Akal, 201, p. 12.

32 DUSSEL, Enrique. *Hacia una Filosofia Política Crítica*. Bilbao: Desclée de Brouwer, 2001, p. 370.

Ademais, Dussel recorda Fanon: "Como es una negación sistemática del Otro, una decisión furiosa de privar al Otro de todo atributo de humanidad, el colonialismo empuja al pueblo dominado a plantearse constantemente la pregunta: ¿Quién soy en realidad?"[33]; e complementa sua perspectiva crítica: "Se trata de situar histórica, empírica y concretamente esta "negación del Otro"[34]. Ainda que a discussão da modernidade seja situada em uma historicidade pré-1492, para o pensamento crítico descolonial os acontecimentos pós-1492 passam a ter referência empírica imediata como consolidação do projeto moderno que desde este ponto vai cada vez mais afirmando sua hegemonia global como progresso da racionalidade em benefício do capitalismo.

Logo, demarcar o início da modernidade em 1492 é possibilitar o reconhecimento da diferença colonial não como mero antecedente dos direitos humanos, mas como faceta "nebulosa" da própria modernidade. Trata-se, portanto, de lembrar que 150 anos antes do *ego cogito moderno* existiu o *ego conquiro*[35] enquanto estrutura fundamental para a emergência da remodelação no projeto de modernidade com o Iluminismo[36] e logo, como concretização de um projeto de dominação.

---

[33] DUSSEL, Enrique. *Hacia una Filosofia Política Crítica*. Bilbao: Desclée de Brouwer, 2001, p. 370.

[34] DUSSEL, Enrique. *Hacia una Filosofia Política Crítica*. Bilbao: Desclée de Brouwer, 2001, p. 370.

[35] "La Filosofía de la liberación es el contradiscurso de la Modernidad en crisis, y, al mismo tempo, es transmoderna. La filosofía moderna eurocéntrica desde el ego conquiro (yo conquisto, protohistoria del ego cogito), situando a los otros pueblos, a las otras culturas, y con ello a sus mujeres y sus hijos, los dominó dentro de sus propias fronteras como cosas o útiles o manipulables bajo el imperio de la razón instrumental". DUSSEL, E. *Filosofía de la liberación*. México: Fondo de Cultura Económica, 2011, p. 19.

[36] GROSFOGUEL, Ramón. Para descolonizar os estudos de economia política e os estudos pós-coloniais: transmodernidade, pensamento

1.1. AS LATITUDES SÓCIOHISTÓRICAS DA EPISTEMOLOGIA DESCOLONIAL

Seguindo a trajetória que vem sendo privilegiada, a ideia da postulação epistemológica é romper os âmbitos da colonialidade do Poder, do Saber e do Ser, especialmente explorando alternativas ao modelo científico universal da modernidade hegemonizada nas metrópoles intelectuais (Europa e E.U.A). Logo, pensando por intermédio de outras vertentes da "geopolítica do conhecimento", cabe denunciar que o conhecimento do universalismo científico europeu mencionado por I. Wallerstein[37] é concentrado apenas na região norte do globo. Além dessa forma ser totalitária, arroga-se em um universalismo intentando cobrir a totalidade mundial, logo:

> Surgen así, con la consciencia de la "dependencia" política, económica y epistémica nuevos centros de "pensamiento crítico" que revelan las estrategias de la colonialidad y busca, sobre las bases de la experiencia histórica y subjetiva de la colonialidad, articular un pensamiento de ruptura, el pensamiento crítico de-colonial[38].

Tendo em vista essa postura, a proposta do projeto de pensamento crítico descolonial é articular algumas alternativas ou perspectivas que não sejam somente as emanadas dos centros hegemônicos do poder. Busca conectar-se com as outras latitudes do globo que sejam unidas pelo passado histórico colonial e pelo presente de colonialidade, pois isso irá emergir várias outras experiências locais e saberes culturais que foram encobertos pela modernidade. Esse intercâmbio de saberes ao confluir de forma plural, funda uma verdadeira

---

de fronteira e colonialidade global. In: SANTOS, Boaventura de Sousa; MENESES, Maria Paula (Org.). *Epistemologias do Sul*. São Paulo: Cortez, 2010, p. 461.

[37] WALLERSTEIN, Immanuel. *Universalismo europeu*: a retórica do poder. São Paulo: Boitempo, 2007.

[38] MIGNOLO, Walter. Prefácio. In: WALSH, Catherine (edit.) *Pensamiento crítico y matriz (de)colonial*: reflexiones latinoamericanas. Quito: Universidad Andina Simón Bolívar, Ediciones Abya-Yala, 2005a, p. 9.

universalidade – sem particularidade norteadora –, mas concretizada no diálogo e na abertura epistêmica da pluralidade de possibilidades.

A ideia de descolonialidade, denominada como forma de diferenciação aos projetos (des)coloniais ou pós-coloniais[39], insere-se no horizonte da desmitificação e de afirmação de outra mirada dos fenômenos sociais, culturais, políticos, filosóficos, antropológicos e claro econômicos, consolidada da seguinte forma:

> La decolonialidad es, entonces, la energía que no se deja manejar por la lógica de la colonialidad, ni se cree los cuentos de hadas de la retórica de la modernidad. Si la decolonialidad tiene una variada gama de manifestaciones – algunas deseables, como las que hoy Washington describe como "terroristas" –,

---

[39] La decolonialidad no es algo necesariamente distinto de la descolonización; más bien, representa una estrategia que va más allá de la transformación – lo que implica dejar de ser colonizado -, apuntando mucho más que a la transformación, a la construcción o a la creación. Pero también es un momento que se diferencia del (de)colonialismo. Mientras que el (de)colonialismo se preocupa por la relación histórica y legados (a los 500 años, por ejemplo), buscando una transición, superación y emancipación desde al interior de la modernidad, abriendo así la posibilidad de modernidades pos-coloniales o modernidades alternativas (o también de lo que Boaventura de Sousa Santos llama posmodernismo oposicional), la decolonialidad parte de un posicionamiento de exterioridad por la misma relación modernidad/colonialidad, pero también por las violencias raciales, sociales, epistémicas y existenciales vividas como parte central de ella. La decolonialidad encuentra su razón en los esfuerzos de confrontar desde "lo propio" y desde lógicas-otras y pensamientos-otros a la deshumanización, el racismo y la racialización, y la negación y destrucción de los campos-otros del saber. Por eso, su meta no es la incorporación o la superación (tampoco simplemente la resistencia), sino la reconstrucción radical de seres, del poder y saber, es decir, la creación de condiciones radicalmente diferentes de existencia, conocimiento y del poder que podrían contribuir a la fabricación de sociedades distintas. WALSH, Catherine. (Re)pensamiento critic y (de)colonialidad. In: WALSH, Catherine (edit.) *Pensamiento crítico y matriz (de) colonial*: reflexiones latinoamericanas. Quito: Universidad Andina Simón Bolívar, Ediciones Abya-Yala, 2005, p. 24.

> el pensamiento decolonial es, entonces, el pensamiento que se desprende y se abre (de ahí "desprendimiento y apertura" en el título de este trabajo), encubierto por la racionalidad moderna, montado y encerrado en las categorías del griego y del latim y de las lenguas imperiales europeas modernas.[40]

Diante disso, apresenta-se evidente a atualidade do pensamento crítico descolonial frente aos fenômenos globais, pois não se limita a explorar os vestígios do período colonial, mas compreender as diversas facetas e desdobramentos da matriz de poder nas transformações da sociedade moderna a partir da periferia do sistema-mundo. Assim, o tema é percebido como: "[...] una transición del colonialismo moderno a la colonialidad global, processo que certamente ha transformado las formas de dominación desplegadas por la modernidade, pero no la estrutura de las relaciones centro-periferia a escala mundial"[41].

Para os pensadores Santiago Castro-Gómez e Ramon Grosfoguel, a situação é contextualizada no momento pós-guerra fria: "[...] porque con ello se cuestiona abiertamente el mito de la descolonización y la tesis de que la postmodernidad nos conduce a un mundo ya desvinculado de la colonialidad"[42].

---

[40] MIGNOLO, Walter D. El pensamiento decolonial: desprendimento y apertura. In: CASTRO-GÓMEZ, Santiago; GROSFOGUEL, Ramón. *El giro decolonial*: reflexiones para una diversidad epistémica más allá del capitalismo global. Bogotá: Siglo del Hombre Editores; Universidad Central, Instituto de Estudios Sociales Contemporáneos y Pontificia Universidad Javeriana, Instituto Pensar, 2007, p. 27.

[41] CASTRO-GÓMEZ, Santiago; GROSFOGUEL, Ramón. Prólogo: Giro decolonial, teoría crítica y pensamiento heterárquico. In: CASTRO-GÓMEZ, Santiago; GROSFOGUEL, Ramón. *El giro decolonial*: reflexiones para una diversidad epistémica más allá del capitalismo global. Bogotá: Siglo del Hombre Editores; Universidad Central, Instituto de Estudios Sociales Contemporáneos y Pontificia Universidad Javeriana, Instituto Pensar, 2007, p. 13.

[42] Ibid., p. 14.

Frente ao contexto mencionado, o pensamento crítico descolonial assume a diferenciação quanto às reflexões pós-coloniais, pois os trabalhos desta vertente não logram integrar temas de economia política com os de âmbito cultural; segundo os dois autores mencionados, os estudos pós-coloniais acabam por produzir "culturalismo vulgar", operando em dois tipos de reducionismo (econômico ou culturalista[43]), já para "[...] la perspectiva decolonial manejada por el grupo modernidade/colonialidad, la cultura está siempre *entrelezada* (y no derivada de) los processos de la economia-política"[44].

Essa postura conduz à abertura do campo de visão econômico para os problemas de ordem hierárquica racial na economia, bem como a geopolítica-econômica do racismo na colonialidade global.

Afirmando a capacidade de identificar incompletudes nos pensadores descoloniais e apontando para alternativas não reducionistas e mais abrangentes, destacam os autores:

> De ahí que una implicación fundamental de la noción de 'colonialidad del poder' es que el mundo no ha sido completamente descolonizado. La primera descolonización (iniciada en el siglo XIX por las colonias españolas y seguida en el XX por las colonias inglesas y francesas) fue incompleta, ya que se limitó a la independencia jurídica-política de las periferias. En cambio, la segunda descolonización – a la cual nosotros aludimos con la categoría decolonialidad – tendrá que dirigirse a la heterarquía de las múltiples relacionales raciales, étnicas, sexuales, epistémicas, económicas y de género que la primera descolonización dejó intactas. Como resultado, el mundo de comienzos del siglo XXI necesita una decolonialidad que complemente la descolonización llevada a cabo en los siglos XIX y XX. Al contrario de esa descolonización, la decolonialidad es un proceso de resignificación a largo plazo, que no se puede reducir a un acontecimiento jurídico-político[45].

---

43 Ibid., p. 16.
44 Ibid., p. 16.
45 Ibid., p. 17.

Ainda, dentro da contextualização do pensamento crítico descolonial, vale salientar que também não se limita à análise dos teóricos da dependência, apontando que estes, privilegiando em suas investigações ao campo econômico, produziam um reducionismo que causava dois problemas fundamentais: primeiro olvidando a centralidade das hierarquias moderno/coloniais e, na sequência, justamente pelo empobrecimento do reducionismo econômico não abarcavam a complexidade "heterárquica"[46] dos processos no sistema-mundo. Isso se explica melhor quando indica-se que as categorias gênero e raça eram absorvidas na ideia de classe social, em contraposição e em readequação desse tipo de postura, relembra Castro Gómez e Grosfoguel:

> Las ideas de Aníbal Quijano representaron, una de las pocas excepciones a este enfoque. Su teoría de la 'colonialidad del poder' busca integrar las múltiples jerarquías de poder del capitalismo histórico como parte de un mismo proceso histórico-estructural heterogéneo. Al centro de la 'colonialidad del poder'

---

[46] Sobre pensamento Heterárquico: "El pensamiento heterárquico es un intento por conceptualizar las es- tructuras sociales con un nuevo lenguaje que desborda el paradigma de la ciencia social eurocéntrica heredado desde el siglo XIX. El viejo lenguaje es para sistemas cerrados, pues tiene una lógica única que determina todo lo demás desde una sola jerarquía de poder. Por el contrario, necesitamos un lenguaje capaz de pensar los sistemas de poder como una serie de dispositivos heterónomos vinculados en red. Las heterarquías son estructuras complejas en las que no existe un nivel básico que gobierna sobre los demás, sino que todos los niveles ejercen algún grado de influencia mutua en diferentes aspectos aspectos particulares y atendiendo a coyunturas históricas específicas. En una una heterarquía, la integración de los elementos disfuncionales al sistema jamás es completa, como en la jerarquía, sino parcial, lo cual significa que en el capitalismo global no hay lógicas autónomas ni tampoco una sola lógica determinante 'en última instancia' que gobierna sobre todas las demás, sino que más bien existen procesos complejos, heterogéneos y múltiples, con diferentes temporalidades, dentro de un solo sistema-mundo de larga duración. En el momento en que los múltiples dispositivos de poder son considerados como sistemas complejos vinculados en red, la idea de una lógica 'en última instancia' y del dominio autónomo de unos dispositivos sobre otros desaparece". Ibid., p. 18.

> está el patrón de poder colonial que constituye la complejidad de los procesos de acumulación capitalista articulados en una jerarquía racial/étnica global y sus clasificaciones derivativas de superior/inferior, desarrollo/subdesarrollo, y pueblos civilizados/bárbaros. De igual modo, la noción de 'colonialidad' vincula el proceso de colonización de las Américas y la constitución de la economía-mundo capitalista como parte de un mismo proceso histórico iniciado en el siglo XVI.

E complementam da seguinte forma:

> Para Quijano, la relación entre los pueblos occidentales y no occidentales estuvo siempre mezclada con el poder colonial, con la división internacional del trabajo y con los procesos de acumulación capitalista. Además, Quijano no usa la noción 'colonialidad' y no la de 'colonialismo' por dos razones principales: en primer lugar, para llamar la atención sobre las continuidades históricas entre los tiempos coloniales y los mal llamados tiempos 'poscoloniales'; y en segundo lugar, para señalar que las relaciones coloniales de poder no se limitan sólo al dominio económico-político y jurídico-administrativo de los centros sobre las periferias, sino que poseen también una dimensión epistémica, es decir, cultural[47].

Dentro da dimensão epistêmica, as ideias sobre colonialidade devem ser redimensionadas e reposicionadas no histórico colonial diferenciando a partir do "lugar epistêmico" e o "lugar social" de enunciação. Afirma Grosfoguel que o fato de um sujeito ocupar o lugar social subalterno não significa que sua epistemologia também origine um pensamento no mesmo espaço, podendo inclusive reproduzir os elementos que determinam sua própria opressão.

Para o autor: "[...] o êxito do sistema-mundo colonial/moderno reside em levar os sujeitos socialmente situados no lado oprimido da diferença colonial a pensar como aqueles que se encontram em posições dominantes"[48]. Em razão dis-

---

[47] Ibid., p. 19.

[48] GROSFOGUEL, Ramón. Para descolonizar os estudos de economia política e os estudos pós-coloniais: transmodernidade, pensamento de fronteira e colonialidade global. In: SANTOS, Boaventura de Sousa; MENESES, Maria Paula (Org.). *Epistemologias do Sul*. São Paulo: Cortez, 2010, p. 459.

so, recordando a Walter Mignolo, esclarece-se a importância do pensamento de fronteira para esse reposicionamento da reflexão num viés crítico e não-fundamentalista:

> Uma das muitas soluções plausíveis para o dilema eurocêntrico versus fundamentalista é aquilo a que Walter Mignolo, inspirado em pensadores chicanos(as) como Gloria Anzaldúa (1987) e Jose David Saldivar (1997), chamou "pensamento crítico de fronteira" (Mignolo, 2000). O pensamento crítico de fronteira é a resposta epistémica do subalterno ao projecto eurocêntrico da modernidade. Ao invés de rejeitarem a modernidade para se recolherem num absolutismo fundamentalista, as epistemologias de fronteira subsumem/redefinem a retórica emancipatória da modernidade a partir das cosmologias e epistemologias do subalterno, localizadas no lado oprimido e explorado da diferença colonial, rumo a uma luta de libertação descolonial em prol de um mundo capaz de superar a modernidade eurocentrada. Aquilo que o pensamento de fronteira produz é uma redefinição/subsunção da cidadania e da democracia, dos direitos humanos, da humanidade e das relações económicas para lá das definições impostas pela modernidade europeia. O pensamento de fronteira não é um fundamentalismo antimoderno. É uma resposta transmoderna descolonial do subalterno perante a modernidade eurocêntrica[49].

No mesmo sentido, Grosfoguel relembra a experiência do movimento Zapatista no México, afirmando que os zapatistas não seriam fundamentalistas antimodernos, tampouco que rejeitam a democracia moderna; afirmam ser um projeto de subsumir criticamente a democracia moderna no reposicionamento social e epistêmico do pensamento democrático, redefinindo estrategicamente o conteúdo dessa a partir da prática democrática na visão própria que produzem sobre o fenômeno. Esse caso evidente de transformação no paradigma moderno é dimensionado como uma redefinição crítica descolonial, transcendendo as opções dadas pelo sistema vigente[50].

---

[49] Ibid., p. 481.
[50] GROSFOGUEL, loc. cit.

Ao compreender a fronteira do pensamento mencionado por Mignolo como campo de conexão e diálogo de complementariedade, podem-se afastar de imediato os adágios críticos de que os projetos descoloniais visam a resgatar simbologias folclóricas ou mesmo reerguer antigas disputas pré-colonização. Esse tipo de argumentação mal concebida é corrente no mundo filosófico eurocêntrico, para o qual a noção de fronteira delimita especificamente o grau de envolvimento e de abertura que oferecem esses estudos.

Afirmado assim, o pensamento descolonial possui uma contextualização própria que busca tomar distância das influências reducionistas e universalistas apresentadas como solução aos problemas da modernidade. Uma das recordações que aponta Grosfoguel é no tocante à *hybris de punto cero* e à consequente condução ao universalismo abstrato que encobre os universalismos outros. Recordando a Santiago Castro-Gómez, a *hybris de punto cero*: "[...] é o ponto de vista que se esconde e, escondendo-se, se coloca para lá de qualquer ponto de vista, [...] representa como não tendo um ponto de vista. É esta visão [...] que esconde sempre a sua perspectiva local e concreta sob um universalismo abstracto"[51].

Isso pode ser verificado na história do colonialismo regional desde o século XVI segundo os cânones válidos, ao menos formalmente, a "todos" os seres (colonizadores e colonizados); enumerados por Grosfoguel, alguns desses cânones podem ser identificados nos direitos dos povos no debate de Valladollid, aos direitos do homem na Filosofia iluminista até os direitos humanos hodiernamente como produções da *hybris de ponto zero*.

Tais experiências "mundiais" se afirmam como ponto de partida a-histórico e de validade transcendental confirmada em generalizações tais como "Todos", encobrindo e olvidando facetas constitutivas outras, as quais são localizadas como meros antecedentes históricos. As generalizações modernas

---

[51] Ibid., p. 460.

são conduzidas como perspectivas universais válidas para todos os povos indistintamente (meramente como discurso), escondendo a faceta de dominação, até quando são discursos de guerra aos que se opunham a essas "verdades", ou mesmo ocultando a verdadeira esfera de dominação que legitimava os que dizem e os que ouvem, os dominados e os dominantes, os Europeus e os Não-Europeus[52].

A especificação desse tipo de fundamentação se encontra na seguinte afirmação:

> Aquí se inaugura la ego-política del conocimiento, que no es otra cosa que una secularización de la cosmología cristiana de la teo-política del conocimiento. En la ego-política del conocimiento el sujeto de enunciación queda borrado, escondido, camuflado en lo que el filósofo colombiano Santiago Castro-Gómez ha llamado la "hybris del punto cero" (Castro-Gómez, 2005). Se trata, entonces, de una filosofía donde el sujeto epistémico no tiene sexualidad, género, etnicidad, raza, clase, espiritualidad, lengua, ni localización epistémica en ninguna relación de poder, y produce la verdad desde un monólogo interior consigo mismo, sin relación con nadie fuera de sí. Es decir, se trata de una filosofía sorda, sin rostro y sin fuerza de gravedad. El sujeto sin rostro flota por los cielos sin ser determinado por nada ni por nadie[53].

Funda-se assim a ideia do universalismo eurocêntrico, sustentada no modelo filosófico da neutralidade axiológica e da objetividade empírica dos pensadores e dos produtores do conhecimento científico[54]. O que importa aqui é auferir que o lugar de enunciação e o lugar de fundamentação do pensamento nem sempre coincidem; ao contrário, podem e muitas vezes são linhas paralelas de desenvolvimento, inclusos no projeto da *hybris de ponto zero* e na Filosofia moderna de origem cartesiana, como universalismo (abstrato). Ganha relevância esclarecer o que Grosfoguel entende como abstrato em dois sentidos: primeiro como conhecimento que se isenta

---

52 Ibid., p. 461.

53 Id., 2007, p. 64.

54 Ibid., p. 65.

de determinação temporal, mas autodetermina como eterno e de validade irrestrita; é direcionado a sujeitos concretos, vivos e localizados, porém fundamentado por um sujeito hipotético, sem rosto, mesmo que os pensadores saibam o estereótipo fundamental; a segunda faceta do referido universalismo é o prototípico do sujeito enunciado, um ser inanimado (formalmente no discurso), contudo na prática assume a face perversa do *ego conquiro* mencionado por E. Dussel e veste a máscara do dominador e explorador europeu[55].

Justamente, operando na seara das alternativas a essa postura de abstração, ainda como contextualização do pensamento crítico descolonial, Grosfoguel salienta por intermédio da reflexão de Aimé Césaire como se pode configurar um universalismo Outro; para este pensador o eurocentrismo fundamentou um universalismo "descarnado" que foi dissolvido no particularismo local transformado em desenho global (imperial)[56]. Inclusive é significativo afirmar que esse universalismo abstrato se consolidou no nacionalismo republicanista de inspiração francesa o qual inundou as perspectivas nacionalistas latino-americanas na fundação das repúblicas independentes, nas quais imperou o particularismo do modelo francês de conformação unitária, operada pelas elites criollas[57] regionais, afirmando um conceito de nação homogêneo que dissolveu as particularidades locais[58].

---

[55] Ibid.

[56] Ibid., p. 71.

[57] O termo designa um setor social que na colônia era subordinado aos espanhóis que exerciam administração. Apesar do sangue europeu, a vivência geográfica nas Américas coloca os Criollos na condição hierárquica de submissão; contudo este será o setor social que irá exercer o poder pós-emancipação política.

[58] GROSFOGUEL, Ramón. *El giro decolonial*: reflexiones para una diversidad epistémica más allá del capitalismo global. Bogotá: Siglo del Hombre Editores; Universidad Central, Instituto de Estudios Sociales Contemporáneos y Pontificia Universidad Javeriana, Instituto Pensar, 2007, p. 72.

Para Césarie pode existir outro universalismo:

> Si el universalismo concreto en Hegel y Marx eran aquellos conceptos, ricos en múltiples determinaciones pero dentro de una misma cosmología y un mismo episteme (en este caso el occidental), donde el movimiento de la dialéctica tritura toda alteridad en lo mismo, en Césaire el universalismo concreto es aquél que es resultado de múltiples determinaciones cosmológicas y epistemológicas (un pluriverso, en lugar de un universo). El universalismo concreto césaireano es el resultado de un proceso horizontal de diálogo crítico entre pueblos que se relacionan de igual a igual. El universalismo abstracto es inherentemente autoritario y racista, mientras que el universalismo concreto de Césaire es profundamente democrático[59].

Até aqui a contextualização do pensamento descolonial, por meio dos paradigmas de localização, afirma a necessidade de reposicionamento deste no âmbito crítico subalterno no tocante a considerar a estratégia geopolítica e a conformação histórico-crítica como efeito da colonialiadade do poder enquanto matriz dominante no mundo colonial/moderno. O pensamento de Ramón Grosfoguel elucidou a pretensão de situar o ponto de partida da crítica radical descolonial: "[...] O que pretendo fazer é deslocar o lugar a partir do qual estes paradigmas são pensados"[60], vinculando o lugar social com o lugar epistêmico na realidade histórico-social e na geopolítica global regional.

Nesse ponto, ganha relevância o pensamento e a proposta do projeto utópico descolonizador de E. Dussel em relação à transmodernidade afirmada em contrariedade com o projeto "[...] de Habermas, em que o objectivo é concretizar o incompleto e inacabado projecto da modernidade, a transmodernidade de Dussel visa concretizar o inacabado e incompleto projecto novecentista da descolonização da América

---

[59] Ibid., p. 72.
[60] Id., 2009, p. 462.

Latina"[61]. Tal concepção é concretizada por meio da arquitetura estabelecida da seguinte maneira:

> Un diálogo horizontal liberador, en oposición al monólogo vertical de Occidente, requiere de una descolonización en las relaciones globales de poder. No podemos asumir el consenso habermasiano o relaciones horizontales de igualdad entre las culturas y los pueblos, cuando a nivel global están divididos en los dos polos de la diferencia colonial[62].

Ramón Grosfoguel, ao recordar o lugar social e epistêmico do projeto transmoderno, localiza-se em contraposição ao pensamento da pós-modernidade que também arroga-se na crítica à modernidade. Acontece que, na particular avaliação de Grosfoguel, o limite que ocupa a pós-modernidade, além da crítica interna à modernidade, é o não reconhecimento da alteridade epistêmica, ou seja, os povos não universalistas abstratos, aqueles que afirmam uma universalidade alternativa Outra, dada por uma pluriversidade[63] de particularismos, e não meramente um particularismo que somente se revela

---

[61] Ibid., p. 482.

[62] Id., 2007, p. 73.

[63] "El paradigma-otro es diverso, pluri-versa. No es un nuevo universal abstrato que desplaza a los existentes (cristianos, liberales, marxistas) sino que consiste en afirmar la pluriversidad como proyecto universal. La pluri-versidad surge del hecho de que la historia local de la Europa occidental y de Estados Unidos (esto es, el Eurocentrismo que siempre fue global en sus diseños, desde el siglo XVI, se injertó en todas las otras historias locales, en lenguas y en memorias no europeas, en economías y organización política con otras memorias. La pluriversidad otro se gesta a partir del momento en que las diversas historias locales, interrumpidas por la historia local de Europa, comienzan enfrentar sus propios: o ser servidores o pensar en las fronteras, desde la colonialidad; esto es desde las categorías de pensamiento y memorias marginadas y soterradas. De lo contrario, la expansión del Euro-Americanismo continuará su marcha triunfante". MIGNOLO, Walter. El desprendimiento: pensamiento crítico y giro descolonial. In: WALSH, Catherine; GARCÍA LINERA, Alvaro; MIGNOLO, Walter. *Interculturalidad, descolonización del Estado y del conocimiento*. Buenos Aires: Del Signo, 2006, p. 18.

na materialidade política da dominação. Para o autor, o problema reside nesse ponto, que é contraposto pelo exemplo dos Zapatistas quando no tocante ao tema da democracia, em que recorda uma forma de pensamento descolonial e transmoderno que afirma a alteridade epistêmica e o projeto alternativo de outro universalismo:

> [...] Los zapatistas, lejos de hablarle al pueblo con un programa pre-hecho y enlatado, como hacen todos los partidos de derecha e izquierda, parten de la noción de los indígenas tojolabales del 'andar preguntando'. 'Andar preguntando' plantea una manera 'Otra' de hacer política, muy distinta del 'andar predicando' de la cosmología judeo-cristiana occidental, reproducida por los marxistas, conservadores y liberales por igual. El 'andar preguntando' está ligado al concepto tojolabal de democracia, entendida como 'mandar obedeciendo'; donde 'el que manda obedece y el que obedece manda', lo cual es muy distinto de la democracia occidental, en donde 'el que manda no obedece y el que obedece no manda'. Partiendo de esta cosmología 'Otra', los zapatistas, con su 'marxismo tojolabaleño', comienzan la 'Otra Campaña' desde el 'retaguardismo' que va 'preguntando y escuchando', en lugar del 'vanguardismo' que va 'predicando y convenciendo'.[64]

Essas questões anunciam o horizonte em que se desenvolve o pensamento descolonial, bem como especifica a sua dimensão no contexto do pensamento crítico em relação à modernidade, marcando postura e presença particularizada em suas categorias próprias. As reflexões de Gorsfoguel acima foram propositais no sentido de introduzir a contextualização do tema, trata-se agora de seguir no tocante à problemática central da modernidade/colonialidade.

1.2. O PROJETO DA DIFERENÇA COLONIAL COMO SISTEMA-MUNDO

Frente a essa contextualização latitudinal do pensamento crítico descolonial, cabe afirmar qual seria a problemática central em que opera essa via epistemológica alternativa, sob

---

[64] GROSFOGUEL, op. cit., p. 75.

a perspectiva informada por Catherine Walsh[65] no âmbito do "projeto pensamento crítico descolonial", cujo enfoque pode estar em dar atenção para a questão do desenho colonial e imperial inserido no horizonte da geopolítica do *ego conquiro* moderno.

A crítica é voltada para fazer uma frente alternativa ao universalismo científico que afirma a subalternização epistemológica do Outro, ignorando a alteridade epistêmica mencionada anteriormente por Grosfoguel.

As contribuições da pesquisadora da Universidade Andina Simón Bolívar concentram sua atenção inicial na colonialidade do poder e do saber, afirmando que o universalismo abstrato forma parte essencial do projeto da modernidade/colonialidade, e por essa razão é o ponto primordial da problemática do pensamento descolonial. Logo, é possível observar, em concordância com os demais pensadores do projeto, que ambos os autores têm implícita a ideia de colonialidade como parte constitutiva da modernidade[66].

Essa reflexão estaria situada na perspectiva que parte da colocação de Arturo Escobar, na qual a modernidade recebe uma distinção quando tratada como fenômeno intraeuropeu ou conceituada como dominação na exterioridade geopolítica desta[67]. Tal tipo de constatação pode ser sintetizado em que a colonialidade é a outra cara da modernidade, resumido por Walsh da seguinte forma:

> Desde esta perspectiva, la modernidad no es un fenómeno europeo, sino un fenómeno global con distintas localidades y temporalidades que no se ajustan necesariamente a la linealidad del mapa geohistórico occidental. Considerar la colonialidad como constitutiva de la modernidad – su "otra cara" -, es reconocer,

---

65 WALSH, op. cit., p. 17.

66 Ibid., p. 18.

67 ESCOBAR *apud* WALSH, Catherine. Introducción: (re)pensamiento crítico y (de)colonialidad. In: WALSH, Catherine (edit.) *Pensamiento crítico y matriz (de)colonial*: reflexiones latinoamericanas. Quito: Universidad Andina Simón Bolívar, Ediciones Abya-Yala, 2005, p. 18.

como dice Walter Mignolo, que "en los hombros de la modernidad está el peso y responsabilidad de la colonialidad". Por esta razón, **no hay modernidad sin colonialidad**. Hablar de la modernidad/colonialidad, entonces implica introducir invisibilizadas y subalternizadas que emergen de historias, memorias y experiencias coloniales; historias, memorias y experiencias que no se quedan simplemente ancladas en un pasado colonial, sino que se (re)construyen en distintas maneras dentro de la colonialidad del presente, dentro de un modelo hegemónico (y global) del poder "instaurado desde la conquista, que articula raza y labor, espacio y gentes, de acuerdo con las necesidades del capital y para el beneficio de los blancos europeos"[68].

Diante disso, Walsh afirma que as categorias da colonialidade do poder desenvolvidas por Aníbal Quijano, para o qual "[...] el uso de raza como criterio fundamental para la distribución de la población en rangos, lugares y roles sociales, y con una ligación estructural a la división de trabajo"[69]; deve-se assumir, juntamente ao sistema econômico de capital, a concentração da hegemonia do poder global, e a consolidação do universalismo científico *Norte-USA-EUROcêntrico* como cultura hegemônica na produção do conhecimento. Isso seria o primeiro elemento diferenciado nas análises do pensamento crítico descolonial.

Acontece que se torna inerente a esse tipo de abordagem entender o caráter epistêmico da formação do poder, assim outro movimento em formato descolonial é assumido na exploração da colonialidade do saber: "[...] entendida como la represión de otras formas de producción del conocimiento (que no sean blancas, europeas y 'científicas'), elevando una perspectiva eurocéntrica del conocimiento [...]"[70].

Essas duas posturas devem ser somadas na ideia de "diferença colonial" elaborada por Walter Mignolo, e entendida como: "[...] la diferencia colonial se refiere a la clasificación

---

[68] Ibid., p. 19, grifo nosso.
[69] Ibid., p. 19.
[70] Ibid.

del planeta en el imaginario moderno/colonial, por la promulgación de la colonialidad del poder, una energía y maquinaria que transforma diferencias en valores"[71]. Aqui se está apresentando os elementos conformadores da problemática central, que pode ser resumida na modernidade e na colonialidade, objeto de análise do projeto pensamento crítico descolonial; porém resta saber como se delineia especificamente essa abordagem partindo das ideias coloniais na geopolítica que considera a historicidade social no continente, tendo presente a colonialidade do poder, do saber e a diferença colonial.

Para essa tarefa, as proposições do autor argentino Walter Mignolo auxiliam por meio da abordagem de dois momentos da colonialidade no horizonte conceitual da modernidade, primeiramente estabelecendo o imaginário do sistema-mundo moderno/colonial. Essa ideia parte daquela anteriormente referida sobre o sistema-mundo de Immanuel Wallerstein, utilizada como metáfora panorâmica que introduz a moldura histórica do fenômeno das relações geopolíticas e econômicas a partir de 1492, mas, para Mignolo: "[...] O que de fato me interessa é a emergência do circuito comercial do Atlântico, no século XVI, que considero fundamental na história do capitalismo e da modernidade/colonialidade"[72]; por essa razão que mesmo concordando com Hinkllamert e Juan Bautista (anteriormente mencionados) sobre a questão da origem da modernidade, em termos regionais interessa essa abertura do Atlântico como afirmação da colonialidade dos povos de Nuestramerica.

Isso é um ponto cardinal da geografia do tema, pois evidencia como a colonialidade do poder se desdobrou por intermédio da estratégia expansiva da modernidade (auto)definida

---

[71] MIGNOLO apud WALSH, Catherine. Introducción: (re)pensamiento crítico y (de)colonialidad. In: WALSH, Catherine (edit.) *Pensamiento crítico y matriz (de)colonial*: reflexiones latinoamericanas. Quito: Universidad Andina Simón Bolívar, Ediciones Abya-Yala, 2005a, p. 20.

[72] Ibid., p. 34.

pela Europa, "[...] a colonialidade do poder é o eixo que organizou e continua organizando a diferença colonial, a periferia como natureza"[73]. Esse é o marco que funda a relação indissociável do imaginário do sistema-mundo como moderno-colonial, nas palavras do pensador argentino:

> A configuração da modernidade na Europa e da colonialidade no resto do mundo (com exceções, por certo, como é o caso da Irlanda), foi a imagem hegemônica sustentada na colonialidade do poder que torna difícil pensar que não pode haver modernidade sem colonialidade; que a colonialidade é constitutiva da modernidade, e não derivativa[74].

Acontece que, para se difundir nas colônias, esse tipo de mentalidade tem que assumir a faceta local, logo o segundo âmbito de argumentação que propõe Mignolo estaria assentado na dupla consciência "criolla". Essa dupla consciência não era racial, mas geopolítica de acordo com a perspectiva do autor, afirmada em relação com a Europa e não contra esta[75]. A tipologia é demasiado importante para os intentos que justificam o critério até aqui evidenciado na matriz institucional colonial do poder no continente, pois o colonialismo interno é o espelho que reproduz o colonialismo externo da modernidade Europeia.

A obra de Luis Villoro[76] enuncia essa hipótese em especial quando trata das insurgências políticas por emancipação político-administrativa das colônias, na mentalidade dos pensadores *criollos*, que compunham a elite dominante em disputa pela hegemonia política em que imperava o "grito" pela inclusão na modernidade europeia, afirmando a colonialidade do poder, e não o "grito" de libertação dos sujeitos

---

[73] Ibid., p. 34.

[74] Ibid., p. 36.

[75] Ibid., p. 41.

[76] VILLORO, Luis. *El proceso ideológico de la revolución de Independencia*. México: FCE, 2010. Ver também o livro: LIXA, Ivone F. M.; MACHADO, Lucas. *Cultura jurídica latino-americana*: entre o pluralismo e o monismo na condição da colonialidade. 1. Ed. Curitiba: Multideia, 2018.

e suas corporeidades que sofrem o lado perverso desse sistema-mundo; essa ideia está evidenciada naquela categoria da diferença colonial.

A forma do colonialismo interno é definida pela elite *criolla* que assenta essa tipologia sobre as populações ameríndias e afros. Essa elite não se vê como consciência regional (em termos de localização epistemológica), mas afirma sua base epistemológica nas vertentes Ibéricas ou mesmo Anglo-saxãs[77], é por essa razão que a reflexão de Mignolo assume importância quando contextualizada acima principalmente junto ao pensamento de Grosfoguel. O autor argentino conclui diferenciando o contexto colonial dos projetos *criollos*, indígenas e afros, pois apenas aos primeiros caberia a herança colonizadora, enquanto aos outros somente coube a herança da escravidão e subalternização, ou seja, a colonialidade[78].

Esse tipo de constatação fundamenta não somente a categoria da diferença colonial, mas também inaugura a matriz institucional colonizadora, na qual o Direito opera de forma estratégica e como objeto de dominação unificadora[79].

Em termos de América Latina, historicamente não há como negar que o sistema jurídico foi/é a manifestação política conservadora da ordem social colonial ou atualmente da colonialidade. Tal o exemplo das matrizes colonizadas da epistemologia jurídica regional que insistem em afastar o fenômeno jurídico como fenômeno político e social, não aceitando esse tipo de afirmação.

---

[77] MIGNOLO *apud* WALSH, Catherine. Introducción: (re)pensamiento crítico y (de)colonialidad. In: WALSH, Catherine (edit.) *Pensamiento crítico y matriz (de)colonial*: reflexiones latinoamericanas. Quito: Universidad Andina Simón Bolívar, Ediciones Abya-Yala, 2005a, p. 40.

[78] MIGNOLO, loc. cit.

[79] LIXA, Ivone F. M.; MACHADO, Lucas. *Cultura jurídica latino-americana*: entre o pluralismo e o monismo na condição da colonialidade. 1. Ed. Curitiba: Multideia, 2018, pp. 112-140.

Por fim, distinguindo ambos os projetos dos grupos no horizonte do sistema-mundo, Mignolo conclui que o hemisfério ocidental e a *Nuestra América* em particular: "[...] são figuras fundamentais do Imaginário criollo (anglo-saxão ou ibérico), mas não do Imaginário ameríndio (no Norte e no Sul), ou do Imaginário afro-americano (tanto na América Latina quanto no Caribe e na América do Norte)"[80].

Esse tipo de reflexão, no âmbito da transformação do pensamento jurídico, é importante, pois ademais de evidenciar a incapacidade do campo jurídico na produção da transformação, também se filia a matriz institucional colonial. Lembra-se aqui o caso do *Pluralismo Jurídico Colonial*[81] na tarefa para consolidar a dominação no processo de conquista, o Pluralismo Jurídico na época da colonização assumiu um papel ambíguo (ora como dominação, ora como potencialidade de emancipação). Atualmente, com o novo constitucionalismo latino-americano, o Pluralismo Jurídico volta a cumprir nas realidades regionais papel semelhante, pois quando assume a faceta epistemológica dos projetos pós-modernos – não rompendo com a *pecha* institucional colonizadora –, atuando a partir de locais diferenciados – lugar social e epistêmico em contraposição histórica –, um processo de reposicionamento da dominação[82] e isso se verifica com o Pluralismo Jurídico institucionalizado nos textos constitucionais.

---

[80] MIGNOLO apud WALSH, Catherine. Introducción: (re)pensamiento crítico y (de)colonialidad. In: WALSH, Catherine (edit.) *Pensamiento crítico y matriz (de)colonial*: reflexiones latinoamericanas. Quito: Universidad Andina Simón Bolívar, Ediciones Abya-Yala, 2005a.

[81] LIXA, Ivone F. M.; MACHADO, Lucas. *Cultura jurídica latino-americana*: entre o pluralismo e o monismo na condição da colonialidade. 1. Ed. Curitiba: Multideia, 2018, pp. 140-153.

[82] Uma pesquisa sobre o Pluralismo Jurídico na última constituinte boliviana, vide: MACHADO, Lucas; PATRÍCIO, Ágatha July Goulart; CACIATORI, Emanuela Gava. *Pluralismo Jurídico*: no processo constituinte boliviano. Rio de Janeiro: Lumen Juris, 2019.

O que importa refletir desde a proposta crítica descolonial de Mignolo é a capacidade de desmitificação dos projetos de unificação nacional, pois esses projetos ainda estariam afirmados por valores eurocêntricos e coloniais – internamente –, assim menciona:

> A diferença colonial transformou-se e reproduziu-se no período nacional, passando a ser chamada de "colonialismo interno". O colonialismo interno, assim, a diferença colonial exercida pelos líderes da construção nacional. [...] O novo e importante em Jefferson e em Bolívar foi o momento de transformação da consciência criolla colonial em consciência criolla pós-colonial e nacional e a emergência do colonialismo interno face à população ameríndia e afro-americana. [...] A negação da Europa não foi, nem na América hispânica nem na Anglo-saxônica, a negação da "Europeidade", já que em ambos os casos, e em todo o impulso da consciência criolla branca, tratava-se de serem americanos sem deixarem de ser europeus; de serem americanos, mas diferentes dos ameríndios e da população afro-americana[83].

Diante disso, é relevante considerar a diferença colonial para a leitura crítica da matriz institucional, seja jurídica, política, econômica, histórica, filosófica ou social. Sendo assim, com o intuito de avançar nesse debate, cabe considerar também a questão do chamado *Giro Descolonial*, categoria inserida pelo pensador Nelson Maldonado-Torres que merece ser explorada nas linhas que seguem como opção de superação do contexto enunciado.

---

[83] MIGNOLO *apud* WALSH, Catherine. Introducción: (re)pensamiento crítico y (de)colonialidad. In: WALSH, Catherine (edit.) *Pensamiento crítico y matriz (de)colonial*: reflexiones latinoamericanas. Quito: Universidad Andina Simón Bolívar, Ediciones Abya-Yala, 2005a, p. 41.

1.3. GIRO DESCOLONIAL: IRROMPENDO CRITICIDADE NA GENEALOGIA DA MODERNIDADE.

Para Mignolo, a lógica da colonialidade se assenta em três níveis[84]: *colonialidade do Poder* (político e econômico), *colonialidade do Saber* (epistêmico, filosófico, científico, línguas e questões de conhecimento) e *colonialidade do Ser* (subjetividade, gênero e outras formas relacionadas aos sujeitos). É em torno desses níveis que se afirma a teoria crítica do giro descolonial[85], que surge da ideia de diferença colonial mencionada anteriormente. Porém, em qual contexto está inserido e do que se trata especificamente esse conceito? São as duas próximas abordagens.

Logo o giro descolonial está inserido no seguinte contexto:

> El giro descolonial surge no de la "recuperación" del pasado puesto que el pasado es irrecuperable después de quinientos años de expansión occidental; y cuando se trata de recuperar se corre el riesgo de caer en el fundamentalismo. Pero el pasado se puede "reactivar" no en su pureza, sino como pasamiento

---

[84] MIGNOLO, Walter. El desprendimiento: pensamiento crítico y giro descolonial. In: WALSH, Catherine; GARCÍA LINERA, Alvaro; MIGNOLO, Walter. *Interculturalidad, descolonización del Estado y del conocimiento*. Buenos Aires: Del Signo, 2006, p. 13.

[85] Sobre as diferenças entre DEcolonial e DEScolonial, esclarece Mignolo: "(De)colonialidad, por otra parte, pone énfasis en la diferencia con (Des)colonización. Mientras que descolonización fue unos de los términos introducidos durante la Guerra Fría para referirse a las independencias del colonialismo en África y en Ásia (y al intento de reproducir en las ex-colonias Estados naciones independientes, lo cual nunca funcionó como en los países industriales), de-colonialidad apunta al proyecto de "desligadura (*delinking*) conceptual" con lo que Aníbal Quijano articuló como el paquete de la colonialidad del poder: control de la tierra y del trabajo (economía); control de la autoridad (política, Estado, fuerzas armadas); el control del género y del sexo (familia cristiano-burguesa heterosexual) y control de la subjetividad (el modelo de la subjetividad modelada sobre el ideal de un hombre blanco, europeo y cristiano) y del conocimiento (de la política teo-lógica del conocimiento a la política ego-lógica, cuyo centro y fuente de irradicación fue la europea renacentista y de la Ilustración). Id., 2005, p. 8.

fronterizo crítico. Ya no es posible ignorar las contribuciones de occidente a la historia de la humanidad como tampoco se puede ignorar que tales contribuciones no son soluciones para toda la humanidad[86].

Evidencia-se por meio de um *pensamento outro* (seja outro lugar, outras memórias, propostas ou maneiras de aceder ao conhecimento) não como campo de domínio, mas como espaço de diálogo, o que não significa interpretar para explorar na obtenção de algum benefício estratégico, mas na conjunção de desmitificação do que está dado como dogma. O paradigma a ser localizado é o "não-paradigma", negado pelo processo da modernidade, pois este provoca criticamente o que está afirmado e da maneira como se impõe frente a outras realidades, porém não meramente no sentido de desconstruir, mas no sentido de evidenciar o que foi encoberto, trata-se da emergência viva do que resistiu à ofensiva epistêmica violenta.

Sendo assim, o giro epistêmico que demonstra a emergência do pensamento descolonial está assentado no desprendimento das categorias críticas da modernidade e na abertura do horizonte do pensamento para as alternativas que assim insurgem, pois estas últimas renovam as epistemologias hegemônicas e as renovam porque emergem por intermédio do lado olvidado pela modernidade, encoberto e esquecido pelo racionalismo positivista e por seus desdobramentos históricos.

Para Mignolo esse giro epistêmico descolonial é consequência da matriz colonial do poder[87], e seus desígnios devem incidir nessa mesma matriz; assim os indícios da matriz colonial do poder são o âmbito de desenvolvimento do giro epistêmico descolonial, fator que pode ser confirmado em obras da época da formação dessa matriz, como exemplo de

---

[86] Id., 2006, p. 15.
[87] Id., 2007, p. 28.

autores como Felipe Guaman Poma de Ayala[88] entre outros que enfrentaram por meio das suas reflexões ao poder colonial, desprovidos da epistemologia colonialista ou eurocentrista, mas subsumindo criticamente as categorias destas e relendo sob os aspectos localizados além da modernidade nascente (nascente é claro para este lado do Atlântico).

Portanto, explorando os enfoques – oportunizados por Mignolo –, significa uma abertura ou fissura na genealogia da modernidade. Segundo o pensador argentino não se trata de uma metáfora de abrir portas, mas aberturas que devem estar conectadas no sentido de desprendimento, ou seja, afirmar novas verdades frente às que estão postas, mas de confrontá-las por outras verdades; aqui ocorre não a inversão de sentido, mas a subversão das perspectivas dadas.

Assim, para Mignolo: "[...] no se trata de las puertas de la memoria colonial; a las huellas de la herida colonial desde donde se teje el pensamiento descolonial. Puertas que conducen a otro tipo de verdades cuyo fundamento no es el *Ser* sino la colonialidad del Ser, la herida colonial"[89].

Ao observar essa consideração, o giro epistêmico descolonial encontra a Filosofia da Libertação, pois ambas caminham no mesmo sentido, desprendendo-se da trajetória imposta pelo pensamento moderno, criticando-o e subsumindo-o nos elementos com os quais trava um intenso diálogo plural e crítico[90].

---

88 POMA DE AYALA, Felipe Guaman. *Nueva corónica y buen gobierno*. México: Siglo XXI.

89 MIGNOLO, Walter. El desprendimento: pensamiento crítico y giro descolonial. In: WALSH, Catherine; GARCÍA LINERA, Alvaro; MIGNOLO, Walter. *Interculturalidad, descolonización del Estado y del conocimiento*. Buenos Aires: Del Signo, 2006, p. 29.

90 En todo caso, si lo llamamos "crítico" sería para diferenciar la teoría crítica moderna/posmoderna (Escuela de Frankfurt y sus secuelas postestructuralistas) de la teoría crítica decolonial, que muestra su gestación en los autores mencionados. El pensamiento decolonial, al desprenderse de la tiranía del tiempo como marco categorial de la modernidad, escapa

Dessa maneira, por distintas perspectivas, a crítica do giro epistêmico descolonial se enfrenta com a matriz colonial do poder afirmado na diferença colonial, assim pode ser verificado: "[...] la genealogía del pensamiento decolonial se estructura en el espacio planetario de la expansión colonial/imperial, contrario a la genealogía de la modernidad europea, que se estructura en la línea temporal de un espacio reducido, de Grecia a Roma, a Europa occidental y a Estados Unidos"[91].

Nesse sentido, é enunciada a conexão entre a "pluriversidade" epistemológica descolonial com a ferida colonial – provocada pela diferença colonial –, mesmo assim o giro que realiza, por exemplo, Felipe Guaman Poma de Ayala, ainda que esteja inserido no horizonte do domínio colonizador, ousou em diálogo com esse domínio interpor elementos de fora da lógica hegemônica – na fronteira entre os dois mundos.

Observa Mignolo, quando inseriu na nota anterior um destaque referente à crítica na pós-modernidade, pois justamente como Poma de Ayala, o pensamento do giro descolonial não deve tomar como pauta o diálogo moderno, mas partir

---

también a las trampas de la poscolonialidad. La poscolonialidad (teoría o crítica poscolonial) nació entrampada con la posmodernidad. De ahí que Michel Foucault, Jacques Lacan y Jacques Derrida hayan sido los puntos de apoyo para la crítica poscolonial de Said, Bhaba y Spivak. El pensamiento decolonial, por el contrario, se rasca en otros palenques. En el caso de Waman Poma, en las lenguas, en las memorias indígenas confrontadas con la modernidad naciente; en el caso de Cugoano, en las memorias y experiencias de la esclavitud, confrontadas con el asentamiento de la modernidad, tanto en la economía como en la teoría política. El pensamiento decolonial, al asentarse sobre experiencias y discursos como los de Waman Poma y Cugoano en las colonias de las Américas, se desprende (amigablemente) de la crítica poscolonial. Ibid., p. 33.

91 Ibid., p. 45.

desse como ponto inicial e não centro de referência nos debates (cabe lembrar aqui o efeito da *Hybris de ponto zero*)[92].

Logo, a essencial diferença entre essas variadas formas de pensamento (moderno, pós-moderno e descolonial) é justamente a postura adotada frente ao fenômeno moderno. Aqui é o lugar em que a diferença colonial deve ser tomada seriamente, pois se as duas primeiras formas (moderna e pós-moderna) desconsideram a diferença colonial e absorvem a modernidade como ponto crucial ao debate (a primeira afirmando a totalidade e a segunda negando, ambas totalizadoras). A atitude descolonial é, assim como a Filosofia da Libertação, um pensamento que toma a modernidade como fenômeno parte, e não constitutivo de um universalismo, abrindo e desprendendo para emergir Outras capacidades do pensamento humano.

Portanto, se nas linhas anteriores foi introduzido esse fenômeno do Giro epistêmico descolonial, vale agora delimitar melhor o fenômeno pelo próprio fundador da ideia; eis que então privilegiar-se-á a proposta de Nelson Maldonado-Torres, este trabalha com a colonialidade do Ser, por essa razão será verificado nesse momento no tocante a explicar como são delineadas as questões no horizonte, não apenas do pensamento colonial, mas já na manifestação da colonialidade.

Para isso o autor trata de identificar o que seria a colonialidade em si:

---

[92] "[...] é o ponto de vista que se esconde e, escondendo-se, se coloca para lá de qualquer ponto de vista, [...] representa como não tendo um ponto de vista. É esta visão [...] que esconde sempre a sua perspectiva local e concreta sob um universalismo abstracto". CASTRO-GOMEZ *apud* GROSFOGUEL, Ramón. Para descolonizar os estudos de economia política e os estudos pós-coloniais: transmodernidade, pensamento de fronteira e colonialidade global. In: SANTOS, Boaventura de Sousa; MENESES, Maria Paula (Org.). *Epistemologias do Sul*. São Paulo: Cortez, 2010, p. 460.

Colonialidad no significa lo mismo que colonialismo. Colonialismo denota una relación política y económica, en la cual la soberanía de un pueblo reside en el poder de otro pueblo o nación, lo que constituye a tal nación en un imperio. Distinto de esta idea, **la colonialidad se refiere a un patrón de poder que emergió como resultado del colonialismo moderno**, pero que en vez de estar limitado a una relación formal de poder entre dos pueblos o naciones, más bien se refiere a la forma como el trabajo, el conocimiento, la autoridad y las relaciones intersubjetivas se articulan entre sí, a través del mercado capitalista mundial y de la idea de raza. **Así, pues, aunque el colonialismo precede a la colonialidad, la colonialidad sobrevive al colonialismo**. La misma se mantiene viva en manuales de aprendizaje, en el criterio para el buen trabajo académico, en la cultura, el sentido común, en la auto-imagen de los pueblos, en las aspiraciones de los sujetos, y en tantos otros aspectos de nuestra experiencia moderna[93].

Se colonização e colonialidade não são sinônimas, pode-se falar o mesmo sobre descolonização e a descolonialidade. O primeiro diz respeito aos momentos históricos das insurgências dos sujeitos colonizados dentro do período da colonização Ibérica; ao passo que a descolonialidade, por sua vez, refere-se às lutas contra as lógicas da colonialidade (do saber, do Ser e do poder) e seus efeitos, em especial nos períodos pós-emancipação político-formal dos Estados nações latino-americanos. Logo, não se almeja recuperar as lutas coloniais em específico, tampouco anular ou apagar os efeitos da colonização, trata-se de recuperar estas lutas históricas como

---

[93] MALDONADO-TORRES, Nelson. Sobre la colonialidad del ser: contribuciones al desarrollo de un concepto. In: CASTRO-GÓMEZ, Santiago; GROSFOGUEL, Ramón. *El giro decolonial*: reflexiones para una diversidad epistémica más allá del capitalismo global. Bogotá: Siglo del Hombre Editores; Universidad Central, Instituto de Estudios Sociales Contemporáneos y Pontificia Universidad Javeriana, Instituto Pensar, 2007, p. 131, grifo nosso.

campo reflexivo com intuito de ampliar o debate sobre a colonialidade e mesmo superar os seus resquícios[94].

Como se pode perceber, o alcance da colonialidade é bem mais vasto do que almejava o próprio projeto da modernidade, e estaria assentado na questão cultural pela qual é desenvolvido. Contudo, os reflexos se expandem para o campo institucional e a maneira do exercício do poder na metáfora do sistema-mundo ainda guarda muito dos elementos da realidade histórica continental: "La colonialidad se refiere, en primer lugar, a los dos ejes del poder que comenzaron a operar y a definir la matriz espacio-temporal de lo que fue llamado América"[95].

Nessa contextualização do problema, Maldonado-Torres estabelece uma aproximação ao tema do giro descolonial, afirmando a ideia de "heterogeneidade colonial", que possui semelhança com a categoria de Mignolo sobre a diferença colonial,

> "Heterogeneidad colonial" se refiere las formas múltiples de sub-alterización, articuladas en torno a la noción moderna de raza; una idea que se genera en relación con la concepción de pueblos indígenas en las Américas, y que queda cimentada en el imaginario, el sentido común y las relaciones sociales que se establecen en relación con los esclavos provenientes de África en las Américas. La heterogeneidad aludida aquí apunta a la diversidad de formas de deshumanización basadas en la idea de raza, y a la circulación creativa de conceptos raciales entre miembros de distintas poblaciones (en la que de hecho a veces cuentan poblaciones blancas mismas)[96].

---

[94] MALDONADO-TORRES, Nelson. Analítica da colonialidade: algumas dimensões básicas. In. BERNARDINO-COSTA, Joaze; MALDONADO-TORRES, Nelson; GROSFOGUEL, Ramón. Decolonialidade e pensamento afrodiaspórico. Belo Horizonte. Autêntica, 2018, p. 36.

[95] Ibid.

[96] Ibid., p. 133.

A afirmação é importante, pois complementa a dimensão da abertura epistêmica da diferença colonial em Mignolo, pensada segundo a ferida colonial, para estabelecer a questão da raça como fundante da hierarquia social colonial e da colonialidade, no caso em específico da complexidade na colonialidade, talvez as relações heterárquicas mencionadas anteriormente na visão de Grosfoguel auxiliem no desenvolvimento da imbricação.

Em todo caso, para Maldonado-Torres a questão do giro descolonial é trabalhado dentro da perspectiva de Aimé Césaire:

> [...] Lo que las ciencias cesaireanas plantean es nada menos que un nuevo "giro" en el pensamiento filosófico predominante; pero un giro como ninguno otro: un giro de-colonial. El giro de-colonial implica fundamentalmente, primero, un cambio de actitud en el sujeto práctico y de conocimiento, y luego, la transformación de la idea al proyecto de la de-colonización. El giro des-colonial, en el primer sentido, y la idea de des-colonización, son probablemente tan viejos como a colonización moderna misma. [...] Los principios del giro de-colonial y la idea de de-colonización se fundan sobre el "grito" de espanto del colonizado ante la transformación de la guerra y la muerte en elementos ordinarios de su mundo de vida, que viene a transformarse, en parte, en mundo de la muerte, o en mundo de la vida a pesar de la muerte. La idea de la de-colonización también expresa duda o escepticismo con respecto al proyecto colonial. La duda de-colonial es parte fundamental de la de-colonización.[97]

Ainda,

> Volviendo sobre el significado del giro de-colonial, éste representa, en primer lugar, un cambio de perspectiva y actitud que se encuentra en las prácticas y formas de conocimiento de sujetos colonizados, desde los inicios mismos de la colonización, y, en segundo lugar, un proyecto de transformación sistemática y global de las presuposiciones e implicaciones de la modernidad, asumido por una variedad de sujetos en diálogo.[98]

---

97 Ibid., p. 159.
98 Ibid., p. 160.

Dessa forma, na ótica do autor, o giro descolonial, entendido como projeto, envolve confrontar as hierarquias constituídas pela modernidade, transformando a linguagem epistêmica em postura política de oposição radical e enfrentamento a toda herança colonial no âmbito do "Poder", "Saber" e "Ser", que ainda se manifestam como colonialidade. No chamado nível político, a operacionalização do giro descolonial requer:

> [...] observar cuidadosamente las acciones del condenado, en el proceso de convertirse en agente político. El condenado, o damné, distinto del pueblo de la nación, del proletariado e, inclusive, de la llamada multitud, confronta como enemigo no sólo a los excesos del Estado-nación moderno, al capitalismo, o al Imperio, sino más exactamente al paradigma de la guerra o a la modernidad/colonialidad misma[99].

Para Maldononado-Torres, a emergência do giro descolonial diante da abertura à pluriversidade: "[...] lleva a concebir los conceptos de la descolonización como invitaciones al diálogo, y no como imposiciones de una clase iluminada"[100]; se assim for entendido, se propõe aceitar a zona de fronteira dos pensamentos em mundos distintos e rechaçar a centralidade de apenas um dos pensamentos como hegemônico, em especial o sistema-mundo moderno. O autor prossegue: "[...] La de-colonización, de esta forma, aspira a romper con la lógica monológica de la modernidad"[101].

Ora, o *giro descolonial* assume como característica própria a heterogeneidade constitutiva e considera a diferença colonial como sintoma permanente no processo de descolonização, bem como a pluriversidade no itinerário do pensamento crítico descolonial, conforme no exemplo dos Zapatistas anteriormente citado, ao invés da univocidade de um (EURO)centro ir predicando, trata-se da confluência plural (no sentido

---

[99] Ibid., p. 162.
[100] Ibid.
[101] Ibid.

referido por Panikkar[102]) é o âmbito a ser desenvolvido no ir perguntando, ir dialogando e ir caminhando na busca de projetos alternativos.

Estabelecida assim essa questão do giro descolonial, duas categorias do tema descolonialidade ainda não foram adequadamente trabalhadas; tal se refere à órbita da colonialidade do poder delimitada pelo sociólogo peruano Aníbal Quijano e também a questão da colonialidade do Ser, esta priorizada por Nelson Maldonado-Torres. Dessa maneira, importa explorar do que se trata cada uma e quais suas contribuições, para o melhor esclarecimento desta etapa.

A questão da colonialidade do poder é assunto recorrente para o pensamento crítico descolonial, pois funda uma perspectiva de análise que não se concentra apenas na tradicional crítica eurocêntrica e tampouco se aproxima das críticas liberais ou neoliberais, classificadas neste estudo como conservadoras, pois mantém e mesmo aprofunda a hegemonia econômica com base na concentração das riquezas. Ao contrário dessas, o pensamento crítico descolonial parte do âmbito de análise próprio e fundamentado nas categorias e nos elementos materiais que caracterizam a realidade histórica continental.

Para Aníbal Quijano, a questão elementar é desvendar a colonialidade do poder, configurada como um dos pilares que sustentam o padrão mundial do poder capitalista; essa tipologia se sustenta na classificação social racial/étnica histórica, estruturando o modelo econômico que: "[...] mundializa-se a partir da América. [...] Em pouco tempo, com a América (Latina) o capitalismo torna-se mundial, eurocentrado, e a colonialidade e modernidade instalam-se associadas como eixos constitutivos do seu específico padrão de poder até

---

102 PANIKKAR, Raimundo. *Sobre el dialogo intercultural*. Traducción y presentación de J. R. Lopez de la Osa. Salamanca: Editorial San Esteban, 1990.

hoje"[103]. Para o sociólogo, o espaço da América Latina é o ponto central de origem e de expansão do padrão mundial do poder capitalista, que atualmente é expresso no fenômeno globalização[104].

Acontece que a hegemonia do padrão mundial emergido no continente admitia a coordenação de um eixo hegemônico de controle, centrado no emergente continente Europeu e na exploração do trabalho pelo Capitalismo, que, traçando características de conhecimento específicas para legitimar essa forma de poder, operou segundo a produção da matriz cultural eurocêntrica. Essas características mencionadas devem ser mais bem delineadas para compreensão do fenômeno; logo ganha relevância a ideia do eurocentrismo[105] como faceta que: "[...] não é exclusivamente, portanto, a perspectiva cognitiva dos europeus, ou apenas dos dominantes do capi-

---

[103] QUIJANO, Anibal. Colonialidade do poder e classificação social. In: SANTOS, Boaventura de Sousa; MENESES, Maria Paula (Org.). *Epistemologias do Sul*. São Paulo: Cortez, 2010, p. 85.

[104] QUIJANO, Anibal. Colonialidade do poder, eurocentrismo e América Latina. In: LANDER, Edgard (Org.). *A colonialidade do saber*: eurocentrismo e ciências sociais. Perspectivas latinoamericanas. Colección Sur Sur. Buenos Aires: CLACSO, 2005, p. 107.

[105] Eurocentrismo é, aqui, o nome de uma perspectiva de conhecimento cuja elaboração sistemática começou na Europa Ocidental antes de mediados do século XVII, ainda que algumas de suas raízes são sem dúvida mais velhas, ou mesmo antigas, e que nos séculos seguintes se tornou mundialmente hegemônica percorrendo o mesmo fluxo do domínio da Europa burguesa. Sua constituição ocorreu associada à específica secularização burguesa do pensamento europeu e à experiência e às necessidades do padrão mundial de poder capitalista, colonial/moderno, eurocentrado, estabelecido a partir da América. [...] A elaboração intelectual do processo de modernidade produziu uma perspectiva de conhecimento e um modo de produzir conhecimento que demonstram o caráter do padrão mundial de poder: colonial/moderno, capitalista e eurocentrado. Essa perspectiva e modo concreto de produzir conhecimento se reconhecem como eurocentrismo. Ibid., p. 115.

talismo mundial, mas também do conjunto dos educados sob a sua hegemonia"[106].

O eurocentrismo é o produto elaborado como forma de conhecimento para exercício da fundamentação do poder por meio do padrão de controle do trabalho para acumulação de riquezas, esse modelo de racionalidade ganha sentido com a questão da modernidade, que ainda constituída como fenômeno intra-europa se expandiu com base nas formas de dominação já estabelecidas como novo padrão mundial, operando na subjetividade dos sujeitos dominados. Em Quijano essa etapa da História Mundial foi elaborada como totalidade[107], ao menos visualizada da América Latina, foi constituída por intermédio de três vertentes entrelaçadas: a colonialidade do poder, o capitalismo e o eurocentrismo[108].

Seguindo essa fórmula de compreensão da colonialidade do poder, com o surgimento da América Latina como nova zona mundial, aparece também um novo padrão mundial de poder da modernidade:

> A América constitui-se [...], primeira identidade da modernidade. Dois processos históricos convergiram e se associaram na produção do referido espaço/tempo e estabeleceram-se como os dois eixos fundamentais do novo padrão de poder. Por um lado, a codificação das diferenças entre conquistadores e conquistados na ideia de raça, [...] Por outro lado, a articulação de todas as formas históricas de controle do trabalho, de seus

---

[106] Id., 2010, p. 87.

[107] [...] é necessário reconhecer que todo o fenômeno históricossocial consiste na expressão de uma relação social ou numa malha de relações sociais. Por isso, a sua explicação e o seu sentido não podem ser encontrados senão em relação a um campo de relações maior que o que lhe corresponde. Este campo de relações, em relação ao qual um determinado fenômeno pode ter explicação e sentido, é o que aqui se assume como conceito de totalidade histórico-social. Ibid., p. 95.

[108] Id., 2005, p. 113.

recursos e de seus produtos, em torno do capital e do mercado mundial[109].

Essa nova fórmula do poder mundial passa a ser trabalhada no âmbito do conhecimento por meio da perspectiva de evolução e do desenvolvimento resumido na palavra "progresso", passando a adquirir sentido histórico o mito desenvolvimentista conectado com as perspectivas modernas advindas da Europa, ou seja, um dualismo fundamentador e oposicionista passa refletir nas relações políticas e sociais entre os seres envolvidos na nova conformação dos poderes:

> O confronto entre a experiência histórica e a perspectiva eurocêntrica de conhecimento permite apontar alguns dos elementos mais importantes do eurocentrismo: a) uma articulação peculiar entre um dualismo (pré-capital-capital, não europeu-europeu, primitivo-civilizado, tradicional-moderno, etc.) e um evolucionismo linear, unidirecional, de algum estado de natureza à sociedade moderna europeia; b) a naturalização das diferenças culturais entre grupos humanos por meio de sua codificação com a ideia de raça; e c) a distorcida re-localização temporal de todas essas diferenças, de modo que tudo aquilo que é não-europeu é percebido como passado. Todas estas operações intelectuais são claramente interdependentes. E não teriam podido ser cultivadas e desenvolvidas sem a colonialidade do poder[110].

Tal operação foi conduzida pela perspectiva reducionista da homogeneidade cultural, na qual o dualismo foi aprofundado por meio das instituições copiadas dos modelos europeus e aplicadas na região da melhor forma possível. Contudo é relevante a experiência histórica do desdobramento do eurocentrismo na região, pois operando na questão já afirmada do espelho como parâmetro, Quijano aborda a produção da imagem distorcida, visando ao padrão Europeu: "[...] a imagem que encontramos nesse espelho não é de todo quimérica, já que possuímos tantos e tão importantes traços históricos eu-

---

[109] Ibid., p. 107.
[110] Ibid., p. 116.

ropeus em tantos aspectos, materiais e intersubjetivos. Mas, ao mesmo tempo, somos tão profundamente distintos"[111].

O problema adquire densidade na medida da imagem projetada não ser a própria; refletindo nas palavras do autor, seguimos sendo o que não somos[112], pensando o que não é do nosso pensar, e trabalhando com temas próprios por categorias alheias que não são mais do que adequações para a reflexão da realidade regional, logo o: "[...] resultado não podemos nunca identificar nossos verdadeiros problemas, muito menos resolvê-los, a não ser de uma maneira parcial e distorcida"[113].

As estruturas da matriz cultural na realidade periférica não foram suficientes para consolidar o processo de hegemonia europeia, aparecem então os elementos institucionais que manipulam a expansão da colonialidade do poder padronizado.

Em especial nesse ponto, Quijano menciona que, assim como o trabalho nas suas variadas facetas (assalariado, escravo, servidão e entre outros), a questão da autoridade, do sexo e da subjetividade também trabalharam a favor desse padrão mundial capitalista, desdobrado na forma de Estado-nação, da família burguesa e da racionalidade moderna[114]. Tendo em vista as limitações do presente trabalho, apenas a questão do Estado-nação vai interessar na abordagem da constituição das formas de poder colonial por meio da matriz institucional colonizada.

---

[111] Ibid., p. 118.

[112] No livro "Brasil: uma biografia", as autoras Lilia M. Schwarcz e Heloisa M. Starling anunciam essa identidade estrangeirista nos brasileiros ao mesmo tempo em que a diversidade cultural faz parte da vida cotidiana do povo nacional. Vide: SCHWARCZ, M. Lilia; STARLING, M. Heloisa. *Brasil*: Uma Biografia. São Paulo: Companhia das Letras, 2015, pp. 13-20.

[113] QUIJANO, Anibal. Colonialidade do poder, eurocentrismo e América Latina. In: LANDER, Edgard (Org.). *A colonialidade do saber*: eurocentrismo e ciências sociais. Perspectivas latinoamericanas. Colección Sur. Buenos Aires: CLACSO, 2005, p. 107.

[114] Id., p. 85.

O protótipo do Estado-nacional foi gestado na Europa, similar ao processo violento da modernidade. A questão que importa para a colonialidade do poder na ideia de Quijano é o âmbito de homogeneização a absorção das diferenças na padronização de meios unitários para o desenvolvimento do poder capitalista. O estereótipo para efetuar tal homogeneização do poder se constituiu por meio das elites *criollas* e foi calcado no mito desenvolvimentista do homem branco europeu:

> O processo de homogeneização dos membros da sociedade imaginada de uma perspectiva eurocêntrica como característica e condição dos Estados-nação modernos, foi levado a cabo nos países do Cone Sul latino-americano não por meio da descolonização das relações sociais e políticas entre os diversos componentes da população, mas pela eliminação massiva de alguns deles (índios, negros e mestiços). Ou seja, não por meio da democratização fundamental das relações sociais e políticas, mas pela exclusão de uma parte da população. Dadas essas condições originais, a democracia alcançada e o Estado-nação constituído não podiam ser afirmados e estáveis. A história política desses países, muito especialmente desde fins da década de 60 até o presente, não poderia ser explicada à margem dessas determinações[115].

Essa divisão racial do exercício do poder, traduzido na região pelo eurocentrismo impregnado no imaginário social dos "criollos", acabou por impossibilitar que o Estado-nação latino-americano pudesse assumir uma faceta descolonizada em termos de dependência histórico-estrutural, pois a independência burocrático-administrativa não teve o mesmo significado no tocante à dependência social e político-econômica. Por essa razão, afirma o sociólogo peruano que, sem a descolonização da sociedade e limitados pelo ideário do conhecimento eurocêntrico, o processo de formação do Estado-nação na região representou a rearticulação da colonialidade do poder calcado em bases institucionais renovadas.

A política da colonialidade é tarefa ainda incompleta, segundo Quijano:

---

[115] Id., p. 122.

> [...] homogeneização nacional da população, segundo o modelo eurocêntrico de nação, só teria podido ser alcançada através de um processo radical e global de democratização da sociedade e do Estado. Antes de mais nada, essa democratização teria implicado, e ainda deve implicar, o processo da descolonização das relações sociais, políticas e culturais entre as raças, ou mais propriamente entre grupos e elementos de existência social europeus e não europeus. Não obstante, a estrutura de poder foi e ainda segue estando organizada sobre e ao redor do eixo colonial. A construção da nação e sobretudo do Estado-nação foram conceitualizadas e trabalhadas contra a maioria da população, neste caso representada pelos índios, negros e mestiços. A colonialidade do poder ainda exerce seu domínio, na maior parte da América Latina, contra a democracia, a cidadania, a nação e o Estado-nação moderno[116].

As questões étnicas representaram um entrave à imposição do modelo de poder rearticulado com a emergência dos Estados Nacionais; é aí que se apresenta a faceta destacada da análise de Quijano, quando não se limita apenas a explorar a dimensão política econômica do fenômeno modernidade/colonialidade: "[...] a colonialidade do poder estabelecida sobre a ideia de raça deve ser admitida como um fator básico na questão nacional e do Estado-nação"[117].

Acontece que o modelo de conhecimento operado pelo eurocentrismo da matriz cultural imposta permeou o ideário dos próceres da "independência" e impôs um modelo político edificado na hierarquia social com critérios raciais.[118] Vale salientar que esse padrão racista advém da técnica de guerra incorporada pela Europa no processo de dominação e de colonização da América Latina[119].

---

[116] Ibid., p. 124.
[117] Ibid., p. 125.
[118] Ibid., p. 124.
[119] LIXA, Ivone Fernandes Morcilo; MACHADO, Lucas. *Cultura jurídica latino-americana*: entre o pluralismo e o monismo na condição da colonialidade. Curitiba: Multideia, 2018.

Para Maldonado-Torres, o racismo é traduzido na não-ética de guerra:

> El racismo se trata, pues, fundamentalmente, de mantener un orden regido por una naturalización de la no-ética de la guerra, la conquista y la colonización. La gesta racista de la modernidad representa un rompimiento con la tradición europea medieval y sus códigos de conducta. Con la explotación de África, a mediados del siglo XV, el fin de la reconquista a finales del siglo XV, y el "descubrimiento" y conquista de las Américas, a finales del siglo XV y el siglo XVI la modernidad emergente se convierte en un paradigma de la guerra[120].

Se na constituição do poder político operou-se a forma institucional colonizada pelo ideário eurocêntrico, o processo de instituição da hierarquia social também foi produto desse, assim como já foi afirmado em outro espaço[121]; as sociedades na América Latina foram conformadas desde os interesses para o exercício do poder político institucional, a colonialidade era refletida na organização social pois, conforme se pode visualizar abaixo:

> [...] relações sociais que se estavam configurando eram relações de dominação, tais identidades foram associadas às hierarquias, lugares e papéis sociais correspondentes, constitutivas delas, e, consequentemente, ao padrão de dominação que se impunha[122].

Nas palavras de Quijano, raça e identidade afirmaram o instrumento de classificação social:

---

[120] MALDONADO-TORRES, op. cit., p. 140.

[121] WOLKMER, Antonio Carlos; MACHADO, Lucas. Para um novo paradigma de Estado plurinacional na América Latina. *Novos Estudos Jurídicos*, Itajaí, v. 18, n. 2, p.329-342, ago. 2013. Trimestral. Disponível em: <http://www6.univali.br/seer/index.php/nej/article/view/4683/2595>. Acesso em: 11 nov. 2014, p. 331.

[122] QUIJANO, Anibal. Colonialidade do poder, eurocentrismo e América Latina. In: LANDER, Edgard (Org.). *A colonialidade do saber*: eurocentrismo e ciências sociais. Perspectivas latinoamericanas. Colección Sur. Buenos Aires: CLACSO, 2005, p. 107.

Na América, a ideia de raça foi uma maneira de outorgar legitimidade às relações de dominação impostas pela conquista. A posterior constituição da Europa como nova id-entidade depois da América e a expansão do colonialismo europeu ao resto do mundo conduziram à elaboração da perspectiva eurocêntrica do conhecimento e com ela à elaboração teórica da ideia de raça como naturalização dessas relações coloniais de dominação entre europeus e não-europeus.[123]

A América Latina, como segunda etapa histórica da modernidade – tendo em vista que a primeira foi a chamada gestação intraeuropa[124], especificamente no período da experiência de dominação e de colonização –, sedimentou por meio da exploração e do ideário eurocêntrico a colonialidade do poder convertendo raça "[...] no primeiro critério fundamental para a distribuição da população mundial nos níveis, lugares e papéis na estrutura de poder da nova sociedade"[125].

Na tese de Quijano, essa classificação social é fundamental para compreender o fenômeno da dominação e da hegemonia do padrão mundial do poder capitalista a partir da modernidade/colonialidade, inclusive menciona sobre a racialização das relações de poder: "[...] entre as novas identidades sociais e geoculturais foi o sustento e a referência legitimadora fundamental do carácter eurocentrado do padrão de poder, material e intersubjectivo"[126].

Dessa forma, como sistematização para explorar a descolonialidade do poder, Quijano menciona alguns âmbitos de desenvolvimento, referentes à colonialidade e à classificação

---

123 Ibid.

124 DUSSEL, E. *1492, O encobrimento do outro*: a origem do mito da modernidade, conferências de Frankfurt. Tradução de Jaime A. Classen. Petrópolis: Vozes, 1993, p. 08.

125 QUIJANO, Anibal. Colonialidade do poder, eurocentrismo e América Latina. In: LANDER, Edgard (Org.). *A colonialidade do saber*: eurocentrismo e ciências sociais. Perspectivas latinoamericanas. Colección Sur. Buenos Aires: CLACSO, 2005, p. 108.

126 Id., 2010, p. 120.

social[127]: *a) universal no mundo capitalista*,[128] a divisão entre dominados e dominadores segundo a experiência de hierarquia social para exercício hegemônico do poder se converte em raça branca europeia – dominadora e assumida como superior – e critério-fonte de determinação da escala de classificação; *b) colonialidade da articulação política e geocultural* resumem-se ao cenário internacional em que as regiões com população classificada no critério de "cor da pele" foram determinadas na relação de dependência das metrópoles[129]; *c) colonialidade da distribuição mundial do trabalho*[130]; *d) colonialidade das relações de gênero*[131]; *e) colonialidade das relações culturais ou intersubjetivas*[132]; *f) dominação/exploração, colonialidade e corporeidade*[133].

---

127 "A classificação racial da população e a velha associação das novas identidades raciais dos colonizados com as formas de controle não pago, não assalariado, do trabalho, desenvolveu entre os europeus ou brancos a específica percepção de que o trabalho pago era privilégio dos brancos. A inferioridade racial dos colonizados implicava que não eram dignos do pagamento de salário. Estavam naturalmente obrigados a trabalhar em benefício de seus amos. Não é muito difícil encontrar, ainda hoje, essa mesma atitude entre os terratenentes brancos de qualquer lugar do mundo. E o menor salário das raças inferiores pelo mesmo trabalho dos brancos, nos atuais centros capitalistas, não poderia ser, tampouco, explicado sem recorrer-se à classificação social racista da população do mundo. Em outras palavras, separadamente da colonialidade do poder capitalista mundial". QUIJANO, Anibal. Colonialidade do poder, eurocentrismo e América Latina. In: LANDER, Edgard (Org.). *A colonialidade do saber*: eurocentrismo e ciências sociais. Perspectivas latinoamericanas. Colección Sur Sur. Buenos Aires: CLACSO, 2005, p. 110.

128 Id., 2010, p. 120.

129 Ibid., p. 121.

130 Ibid., p. 122.

131 Ibid., p. 123.

132 Ibid., p. 122.

133 "Há uma relação clara entre a exploração e a dominação: nem toda a dominação implica exploração. Mas esta não é possível sem aquela. A dominação é, portanto, sine qua non de todo o poder. Esta é uma velha

Esse último elemento ganha certa relevância para o pensamento desenvolvido até aqui, pois Quijano menciona que a corporeidade é o nível decisivo das relações de poder, a "[...] 'corporeidade' neste plano leva à necessidade de pensar, de repensar, vias específicas para a sua libertação, ou seja, para a libertação das pessoas, individualmente e em sociedade, do poder, de todo o poder"[134]. Inclusive refere que a descolonialidade pode começar pelos âmbitos de controle direto das instâncias da existência social em que se manifestam essas corporeidades.

Essas instâncias seriam: trabalho, sexo, subjetividade e autoridade[135], dimensionadas reflexivamente na esfera da colonialidade do poder, pode significar libertação descolonial do modelo de exploração do trabalho capitalista, das hierarquias sociais e dos domínios na questão sexual ou erótica. Conforme explica E. Dussel[136], na subjetividade em especial operando na desmitificação da dominação eurocêntrica, do universalismo unívoco e na questão da autoridade, o poder político do Estado-nação homogêneo como instância de efetivação da colonialidade do poder.

Diante disso, o âmbito da análise passa então para a questão das subjetividades absorvidas nesse processo e, para essa tarefa, o pensador Nelson Maldonado-Torres elaborou uma interessante reflexão em torno da colonialidade manifestada na esfera do Ser. Sua abordagem busca resgatar o âmbito que envolve o complexo enredo da modernidade/colonialidade com a questão dos sujeitos na perspectiva filosófica.

---

constante histórica. A produção de um imaginário mitológico é um dos seus mecanismos mais característicos. A 'naturalização' das instituições e das categorias que ordenam as relações de poder que foram impostas pelos vencedores/dominadores, tem sido, até agora, o seu procedimento específico". Ibid., p. 125.

134 Ibid., p. 126.

135 Ibid.

136 DUSSEL, Enrique. *Para una erótica latinoamericana*. Venezuela: Editorial El perro y la rana, 2007b.

Para o autor, o ponto de partida pode ser descrito na conjunção da ontologia de Heidegger somada à perspectiva da ética metafísica de Lévinas, as quais, apesar de marcadas pelo eurocentrismo na preocupação, possuem contribuições importantes para abertura da leitura do Ser, ainda que também sejam caracterizadas pelo "esquecimento" do Ser colonizado[137].

Mesmo assim, vale a exploração, pois Heidegger manifesta uma tipologia de racismo, a qual Maldonado-Torres interpreta como epistêmico[138], e estaria vinculado à sociabilidade e à política. Esse racismo é contestado pela obra de Lévinas que aventura-se pela crítica à ontologia de Heidegger como uma Filosofia do poder[139], "[...] O racismo de Heidegger e a cegueira de Lévinas reflectem aquilo que, na sua vontade de ignorar, pode ser traduzido, em parte, como um esquecimento da condenação"[140].

Porém, a qual tipo de condenação se refere Maldonado-Torres? Seria porventura a condenação dos oprimidos na Modernidade? Ainda que ambos os filósofos tivessem preocupações em torno do Ser, tinham um âmbito de reflexão reduzida ao espaço geopolítico do continente europeu. Para o pensador germânico o ponto era o posicionamento do Ser Europeu na ameaça continental; pensar esse a partir das raízes e enfrentar o racionalismo abstrato francês. Ademais a questão judaica também aparecia com importância no período, ao passo que, para Lévinas, na sua condição oprimida pelo antissemitismo germânico, surgia como uma fonte de redenção às contribuições hebraicas.

---

[137] MALDONADO-TORRES, Nelson. A topologia do ser e a geopolítica do conhecimento. Modernidade, império e colonialidade. In: SANTOS, Boaventura de Sousa; MENESES, Maria Paula (Org.). *Epistemologias do Sul*. São Paulo: Cortez, 2010, p. 399.

[138] Ibid., p. 405.

[139] Ibid., p. 406.

[140] Ibid., p. 409.

Desde a reflexão de Maldonado-Torres pode-se resumir da seguinte forma: para um dos filósofos era a busca das raízes do Ser na Grécia e em Roma, enquanto para outro Atenas e Jerusalém, e ambos olvidando o espaço colonial da dimensão do Não-Ser[141].

Logo, entre os não-sujeitos emerge na geopolítica filosófica de Frantz Fanon, que, verificando a condição humana como efeito do colonialismo europeu, não se limita a pensar o Homem ocidental branco, mas os sujeitos dominados na história da humanidade, aquele que emergindo nas lutas de libertação descolonial possuíam outros problemas mais emergentes, bem como outras raízes em que fundamentar as suas lutas; a proposta da leitura de Fanon inserida aqui é a de apresentar a questão da descolonização como parte da história mundial da humanidade[142].

Essa inclusão reclamada na reflexão filosófica subversiva de Frantz Fanon é abertura para a crítica ao "esquecimento" da faceta da condenação que aparece tanto em Heidegger como em Lévinas. Para Maldonado-Torres, essa não seria privilégio apenas da tradição fenomenológica, "[...] Encontramo-lo, como já sugeri antes, em muitas outras explicações da modernidade que tendem a interpretar a dialética do Iluminismo apenas e só em termos de razão instrumental ou da emergência de regimes totalitários"[143].

Assim, esse tipo de afirmação quer evidenciar que a colonialidade do Ser extrapola o âmbito da reflexão ontológica para a compreensão da estrutura colonial que conforma no horizonte do Não-colonizador. A busca deve estar atrelada às

---

[141] ZIMMERMANN, Roque. *América Latina o não ser*: uma abordagem filosófica a partir de Enrique Dussel (1962-1976). Rio de Janeiro: Editora Vozes, 1986.

[142] MALDONADO-TORRES, Nelson. A topologia do ser e a geopolítica do conhecimento. Modernidade, império e colonialidade. In: SANTOS, Boaventura de Sousa; MENESES, Maria Paula (Org.). *Epistemologias do Sul*. São Paulo: Cortez, 2010, p. 409.

[143] Ibid., p. 417.

historicidades daqueles que a modernidade transformou em invisíveis[144].

Ao introduzir o pensamento de Frantz Fanon na reflexão do Ser, ademais da abertura para diferença colonial como pensamento crítico, o autor pretende explorar o desprendimento das feições que produzem a condenação dos oprimidos da modernidade, porém pensados na esfera dos efeitos da colonialidade[145].

Nesse sentido, Maldonado-Torres explica que a colonialidade do Ser é compreensível na cilada filosófica do *ego cogito* cartesiano:

> Ahora bien, a la luz de lo que se ha dicho sobre el ego conquiro y la duda misantrópica que no es cuestionada en su formulación, es posible indicar un elemento que es ignorado, tanto en la filosofía de Descartes como en la de Heidegger. Si el ego cogito fue formulado y adquirió relevancia práctica sobre las bases del ego conquiro, esto quiere decir que "pienso, luego soy" tiene al menos dos dimensiones insospechadas. Debajo del "yo pienso" podríamos leer "otros no piensan", y en el interior de "soy" podemos ubicar la justificación filosófica para la idea de que "otros no son" o están desprovistos de ser. De esta forma descubrimos una complejidad no reconocida de la formulación cartesiana: del "yo pienso, luego soy" somos llevados a la noción más compleja, pero a la vez más precisa, histórica y filosóficamente: "Yo pienso (otros no piensan o no piensan adecuadamente), luego soy (otros no son, están desprovistos de ser, no deben existir o son dispensables)[146].

---

144 Ibid., p. 437.

145 "[...] la colonialidad del ser se refiere, entonces, a la experiencia vivida de la colonización y su impacto en el lenguaje. [...] El surgimiento del concepto "colonialidad del ser" responde, pues, a la necesidad de aclarar la pregunta sobre los efectos de la colonialidad en la experiencia vivida, y no sólo en la mente de sujetos subalternos. [...] Si Dussel aclara la dimensión histórica de la colonialidad del ser, Fanon articula las expresiones existenciales de la colonialidad, en relación con la experiencia racial y, en parte también, con la experiencia de diferencia de género". Id., 2007, p. 130.

146 Ibid., p. 144.

Se outros não pensam, logo não são, e quem seria esse outro? Ora, na filosofia de Descartes o "Eu" do "penso" é a emergente burguesia dominante da modernidade e os que "não são" ocupam a periferia das relações de poder como subordinados. Tomando a ideia da estrutura colonial do poder e a negação dos sujeitos não-europeus ou do estereótipo moderno dominante, aparece a questão de negação ontológica, denominada como "sub-alteridade"[147]; para o autor:

> En resumen, la diferencia sub-ontológica o diferencia ontológica colonial se refiere a la colonialidad del ser en una forma similar a como la diferencia epistémica colonial se relaciona con la colonialidad del saber. La diferencia colonial, de forma general, es, entonces, el producto de la colonialidad del poder, del saber y del ser. La diferencia ontológica colonial es, más específicamente, el producto de la colonialidad del ser[148].

Essa sub-ontologia mencionada se refere às "[…] mismas ideas que inspiran actos inhumanos en la guerra, particularmente, la esclavitud, el asesinato y la violación, son legitimadas en la modernidad, a través de la idea de raza […]"[149]. Assim, tal qual a manifestação da colonialiade do poder, a sub-ontologia tem um rosto e uma estrutura de desenvolvimento definidos no momento do arranque da modernidade como sistema mundial de poder, logo:

> **Negros, indígenas, y otros sujetos "de color"**, son los que sufren de forma preferencial los actos viciosos del sistema. En resumen, este sistema de representaciones simbólicas, las condiciones materiales que en parte lo producen y continúan legitimándolo, y las dinámicas existenciales que forman parte de él —que son a su vez constitutivas y derivativas de tal contexto—, son parte de un proceso que naturaliza la no-ética de la guerra. La diferencia sub-ontológica es el resultado de esa naturalización. La misma es legitimada y formalizada por la idea de raza.

---

[147] Ibid., p. 145.
[148] Ibid., p. 147.
[149] Ibid., p. 149.

> En tal mundo, la ontología colapsa en un maniqueísmo, como Fanon ya sugirió antes[150].

Maldonado-Torres observa, partindo dessa ideia, que aquilo que é invisível em torno da pessoa sub-ontológica é sua própria dimensão humanizada, essa questão que compõe o giro descolonial de Frantz Fanon em relação aos outros dois filósofos preocupados com a questão do Ser (europeu), pois "[...] La invisibilidad y la deshumanización son las expresiones primarias de la colonialidad del ser"[151]. Enfim, a colonialidade do Ser é referida na violação da sua alteridade, afinal: "[...] la reducción de lo particular a la generalidad del concepto o a un horizonte de sentido específico, sino a la violación del sentido de la alteridad humana, hasta el punto donde el alter-ego queda transformado en un sub-alter"[152].

As observações podem ser entendidas partindo das ideias que referenciaram a reflexão em torno do Ser colonizado por meio da guerra, da violência, da violação e da indiferença[153], mas essas questões devem ser estabelecidas dentro da especificidade da colonialidade do poder no tocante à ideia de Raça, categoria na qual se manifesta a não ética de guerra referida anteriormente, a mesma que leva à desconsideração e a não responsabilidade pela dimensão humanizada do Outro, criando catálogos "sub-".

Neste ponto do debate é onde se revela a dimensão da ruptura,

> La colonialidad del ser es una expresión de las dinámicas que intentan crear una ruptura radical entre el orden del discurso y el decir de la subjetividad generosa, por lo cual representa el punto máximo de este intento. El mismo queda expresado en la transformación del orden del discurso en un dicho o discurso coherente establecido, anclado en la idea de una dife-

---

150 Ibid., p. 149, grifo nosso.
151 Ibid., p. 150.
152 Ibid., p. 150.
153 Ibid., p. 155.

renciación natural entre sujetos, es decir, en la idea de raza. La colonialidad del ser también se refiere dinámicas existenciales que emergen en contextos definidos o fuertemente marcados por el dicho moderno/colonial y racial, la indiferencia ante los diferentes, el genocidio y la muerte se hacen patentes como realidades ordinarias. [...] La colonización y la racialización son los modos concretos y conceptuales por medio de los cuales estas ideas y modos de ser son iniciados[154].

Finalmente, após essa incursão pelo pensamento crítico descolonial, demonstra que o tema da diferença colonial proposta por Walter Mignolo possibilita enfrentar o pensamento pós-moderno, estabelecendo critérios-fonte pluriversificados partindo das opções alternativas Outras para além da modernidade, como foi o caso da democracia zapatista citada acima.

Portanto, o que deve ficar evidente é que a grande dessemelhança entre ambos os projetos do pensamento de fronteira é a postura adotada na verificação dos mesmos fenômenos, bem como a abertura do discernimento na forma da investigação histórico social somada ao desprendimento dos cânones estabelecidos como configuração de dominação ou (re)estabelecimento das matrizes coloniais ou de colonialidade institucional do poder.

Como se pode verificar ao longo dessa abordagem, o pensamento crítico descolonial não se trata de um novo âmbito de análise dos fenômenos sociais, mas propriamente de Outro modelo e postura que intenta pensar criticamente a realidade regional por meio dos problemas e pensamentos próprios, ignorando o espelho alienante dos cânones dominadores e apostando na conjunção do lugar epistemológico com o lugar social de enunciação, provocação e insurgência do Outro. O processo de libertação não parte do problema concreto da crise da modernidade, mas da própria modernidade como problema, das feridas da colonialidade como crise concreta e

---

154 Ibid., p. 154.

da diferença colonial como fator primordial frente a qualquer alternativa.

Posto dessa forma encerra-se este capítulo sobre a revisão do tema do pensamento crítico descolonial, tendo sido expostas as principais ideias e categorias reflexivas que inspiram para a digressão e consequente expansão intelectiva para diversas outras temáticas; entretanto, na proposta deste estudo o enfoque irá privilegiar o tema da historicidade dos direitos humanos e o efeito provocativo do giro descolonial, assunto das próximas páginas.

2.
HISTORICIDADE CRÍTICA DOS DIREITOS HUMANOS

Após as incursões anteriores sobre o pensamento crítico descolonial, trata-se agora de dedicar a atenção sobre a questão da historicidade moderna dos Direitos Humanos[155], que possui uma versão com intuito de homogeneizar o conhecimento sobre o tema, em especial com a sua perspectiva dimensional. A partir dessa compreensão, tornou-se importante explorar o fenômeno da historicidade dos Direitos Humanos e analisar as suas manifestações no período compreendido como modernidade, em especial considerando a questão da colonialidade nas suas diversas facetas sócio-históricas e contemporâneas.

A temática dos Direitos Humanos atravessa a historicidade no formato das denominadas dimensões, em que é costumeiro encontrar nas doutrinas a classificação em no mínimo três momentos, relacionados com os acontecimentos históricos da modernidade[156]. Logo, na compreensão moderna sobre os Direitos Humanos, são recortadas apenas as experiências Euro-USA-cêntricas[157], invisibilizando as práticas dos povos

---

[155] Uma obra que reúne textos históricos de direitos humanos é: BARRETO, Vicente de Paulo; BRAGATO, Fernanda Frizzo; LEMOS, Water Gustavo. *Das Tradições Ortodoxas e Heterodoxas nos Direitos Humanos*. Rio de Janeiro: Lumen Juris, 2018.

[156] Mesmo um livro crítico como de José Damião Trindade assume estas dimensões na sua narrativa, ver: TRINDADE, José Damião de Lima. *História social dos Direitos Humanos*. São Paulo: Peirópolis, 2011.

[157] Categoria de Catherine Walsh para denominar a hegemonia dos acontecimentos Norte-americano e Europeu.

na realidade colonial, ou seja, as perspectivas das lutas anticoloniais, na melhor das hipóteses, são entendidas como antecedentes dos Direitos Humanos e por conta disso acabam sendo encobertas e não consideradas na historicidade moderna do tema.

Frente a esta problemática, o pensamento crítico descolonial oportuniza um redimensionamento nessa narrativa hegemônica dos Direitos Humanos, transcendendo o recorte moderno e ampliando as possibilidades reflexivas para além do tradicional. Tal perspectiva recupera[158] outras experiências relacionadas à realidade dos povos que outrora colonizados e que ainda suportam os resquícios e as transmutações da diferença colonial[159]. Por estes motivos a proposta é entendida como problematizadora do viés sócio-histórico dos Direitos Humanos.

Dessa forma, inicialmente o texto busca explorar as contribuições do marco de análise denominado *giro descolonial*, verificando as suas potencialidades como pensamento crítico para a reflexão da historicidade moderna, em especial considerando a realidade *Nuestramericana*[160].

---

[158] Para Rosillo a busca por uma tradição iberoamericana de direitos humanos possibilita: "[...] recupera(r) experiencias que han sido invisibilizadas y, por lo tanto, desperdiciadas por la visión monocultural del saber jurídico que sólo reconoce las tradiciones nordatlánticas (inglesa, francesa y norteamericana) como las únicas que pueden considerarse defensoras y promotoras de derechos humanos". ROSILLO, Alejandro. *Los inicios de la tradición iberoamericana de derechos humanos*. México: Universidad Autónoma de San Luis de Potosí; Centro de Estudios jurídicos y sociales Mispat. San Luis Potosí/Aguascalientes, 2011, p. 17.

[159] El pensamiento de-colonial presupone, siempre, la diferencia colonial (y en ciertos casos, que no voy a analizar aquí, la diferencia imperial). Esto es, la exterioridad en el preciso sentido del afuera (bárbaro, colonial) construido por el adentro (civilizado, imperial) [...]. (MIGNOLO, p. 245, 2008).

[160] MARTÍ, José. *Nuestra América*. Barcelona: Ariel, 1973.

No segundo momento, trata-se de analisar o discurso da historicidade jurídica moderna (dominante)[161], considerando as estruturas dimensionais e as manifestações da colonialidade. Em especial, será explorada a questão da contribuição descolonial e o viés dimensional de Direitos Humanos como narrativa hegemônica de uma evolução histórica unilinear.

Por fim, no terceiro item será demonstrado de que forma o giro descolonial, desde a realidade periférica regional, oportuniza um redimensionamento e reposicionamento da historicidade moderna dos Direitos Humanos.

Finalmente, cabe destacar que não se trata da negação da historicidade moderna dos Direitos Humanos, mas demonstrar a sua incompletude e o papel encobridor que ocupa quando não refletido e problematizado desde a diferença colonial, em que fica evidente o desperdício das experiências históricas nas lutas pelos Direitos Humanos dos povos que sofreram com a colonização e que sofrem com a colonialidade.

2.1. DA CRITICIDADE DESCOLONIAL À HISTORICIDADE MODERNA DOS DIREITOS HUMANOS

A hipótese central do estudo é de que a historicidade ocidental encobre algumas experiências de lutas por Direitos Humanos e, em especial, difunde uma concepção histórica parcial elevando-a ao nível universal. Logo, faz-se necessária uma historicidade crítica como elemento para a recupe-

---

161 Sobre a importância da historicidade de um tema, vale recorrer por analogia ao dito por Vera Regina Pereira de Andrade: "Historicizar, nesse sentido, não implica reconstruir a história da cidadania, mas situar historicamente sua emergência e configuração enquanto discurso da modernidade, visando, simultaneamente, descortinar algumas dimensões sobre as quais o discurso jurídico dominante, a respeito da cidadania no Brasil, ideologicamente cala". ANDRADE, Vera Regina Pereira de. *Cidadania*: do direito aos direitos humanos. São Paulo: Ed. Acadêmica, 1993, p. 8.

ração das experiências desde as realidades concretas[162]; um pensamento que possa refletir criticamente o fenômeno dos Direitos Humanos, expandido a sua concepção para além do recorte moderno das doutrinas tradicionais.

Nesse sentido, a descolonialidade ocupa lugar principal nos objetivos desta pesquisa, pois este pensamento possibilita narrar a modernidade desde a sua outra cara (a colonialidade) evidenciando que a racionalidade moderna tem seu início antes dos movimentos revolucionários burgueses.

Nessa etapa, será explorado do que se trata o pensamento descolonial nos direitos humanos, valendo-se da categoria que Catherine Walsh[163] denomina de *Insurgência Descolonial*. Trata-se, mais do que um giro epistêmico, mas de uma guinada de posturas, processos, transgressões e mobilizações provocativas. É um meio de construir a descolonialidade a partir de uma perspectiva significativa e insurgente, ou seja, mudanças que são ao mesmo tempo políticas, epistêmicas e desde as visões, pensamentos e subjetividades que venham da margem. Mais do que algumas ressignificações ou restaurações, a insurgência é a construção, a criação e a intervenção, um processo sociopolítico de transformação.

Posto dessa maneira, uma das análises eficientes na proposta da crítica à modernidade é a concepção de Immanuel Wallerstein[164] sobre o sistema-mundo[165], uma leitura que

---

[162] Sobre o método da realidade histórica concreta, ver: ROSILLO, Alejandro. *Praxis de liberación y derechos humanos*: una introducción al pensamiento de Ignacio Ellacuría. México: Facultad de Derecho de la Universidad Autónoma de San Luis de Potosí; Comisión Estatal de Derechos Humanos de San Luis de Potosí, 2008.

[163] WALSH, Catherine. Insurgency and Decolonial Prospect, Praxis, and Project *In*. MIGNOLO, Walter; WALSH, Catherine. *On decoloniality*: Concepts, analytics, praxis. Duke University Press, 2018.

[164] WALLERSTEIN, Immanuel. *Análisis de sistema-mundo*: una introducción. México: Siglo XXI, 2005.

[165] WALLERSTEIN, Immanuel. *Análisis de sistema-mundo*: una introducción. México: Siglo XXI, 2005, pp. 64-86.

localiza a modernidade a partir da abertura do oceano Atlântico[166] como rota para o trânsito econômico em nível mundializado, dando o sustentáculo para a emergência do capitalismo mundial.

Na mesma linha de entendimento, porém com enfoque filosófico, Enrique Dussel[167] compreende-se que a modernidade tem significado para os povos do continente americano, desde a data de 1492, com um período de gestação no processo de expulsão dos Mouros do sul da península Ibérica, e especial a partir do fortalecimento dos reinos católicos com o matrimônio dos respectivos reis Fernando de Aragão e Isabel de Castela, os quais tinham em comum o interesse na expulsão dos "infiéis" árabes da península.

Essa forma historicizada *dusseliana* considera a Espanha como o primeiro Estado-nação moderno, criando um poder militar nacional ao conquistar Granada e com a edição da *Gramática* castelhana em Nebrija no mesmo ano de 1492 com a dominação da igreja pelo Estado, abrindo a primeira etapa moderna. Estes elementos trazem diversos temas para a reflexão dos direitos humanos, tais como a questão da violência, dizimação, genocídio, etnocídio e toda a forma de encobrimento do Outro.

---

166 Sobre este tema, vale ressaltar a ressalva proposta por Mignolo, ao afirmar que: Apesar de tomar a idéia de sistema-mundo como ponto de partida, desvio-me dela ao introduzir o conceito de "colonialidade" como o outro lado (o lado escuro?) da modernidade. Com isso não quero dizer que a metáfora de sistema-mundo moderno não tenha considerado o colonialismo. Pelo contrário. O que ora afirmo é que a metáfora de sistema-mundo moderno não traz à tona a colonialidade do poder (Quijano, 1997) e a diferença colonial (Mignolo, 1999; 2000). Conseqüentemente, só concebe o sistema mundo moderno do ponto de vista de seu próprio imaginário, mas não do ponto de vista do imaginário conflitivo que surge com e da diferença colonial (MIGNOLO, 2005, p. 36). No mesmo sentido ver: DUSSEL, Enrique. Sistema mundo y transmodernidad. *Modernidades coloniales*, p. 204, 2004.

167 DUSSEL, E. *1492, O encobrimento do outro*: a origem do mito da modernidade, conferências de Frankfurt. Tradução de Jaime A. Classen. Petrópolis: Vozes, 1993.

No mesmo viés, Walter Mignolo[168] fortalece as teses socioeconômica e histórico-filosófica ao destacar o impacto que a emergência comercial pelo Atlântico no século XVI teve na formação da modernidade colonial, uma vez que a partir deste período iniciou a concepção de conhecimento baseado na hermenêutica unilateral do dominador[169]. Assim, mesmo que houvesse outras manifestações, como foi o caso das diversas rebeliões ameríndias, estas foram ocultadas pelo processo de formação do conhecimento moderno.

Para Mignolo:

> O imaginário do mundo moderno/colonial surgiu da complexa articulação de forças, de vozes escutadas ou apagadas, de memórias compactas ou fraturadas, de histórias contadas de um só lado, que suprimiram outras memórias, e de histórias que se contaram e se contam levando-se em conta a duplicidade de consciência que a consciência colonial gera. No século XVI, Sepúlveda e Las Casas contribuíram, de maneira distinta e em distintas posições políticas, para construir a diferença colonial. Guaman Poma ou Ixtlixochitl pensaram e escreveram da diferença colonial em que foram colocados pela colonialidade do poder[170].

De imediato, percebe-se que a modernidade não representa apenas um período de progressos. Tal perspectiva dá-se justamente pela sua lógica homogeneizadora com a negação da face do outro, criando uma história unívoca. Isso leva a considerar o colonialismo não como um mero acaso, mas em

---

[168] MIGNOLO, Walter. A colonialidade de cabo a rabo: o hemisfério ocidental no horizonte conceitual da modernidade. In. LANDER, Edgardo et al. (Ed.). *A colonialidade do saber*: eurocentrismo e ciências sociais: perspectivas latino-americanas. Buenos Aires: CLACSO, 2005a.

[169] Sobre os arquétipos desta visão unilateral ou mesmo interpretação unívoca, ver: LEÓN PORTILLA, Miguel. *A visão dos vencidos*: a tragédia da conquista narrada pelos astecas. Porto Alegre: L&PM história, 1985.

[170] MIGNOLO, Walter. A colonialidade de cabo a rabo: o hemisfério ocidental no horizonte conceitual da modernidade. In. LANDER, Edgardo et al. (Ed.). *A colonialidade do saber*: eurocentrismo e ciências sociais: perspectivas latino-americanas. Buenos Aires: CLACSO, 2005a, p. 36.

realidade um projeto de dominação, exclusão e ocultação dos outros sujeitos na mesma forma que a hermenêutica de um Hernán Cortez[171]. Logo, o projeto de modernidade colonizadora não é uma evidente narrativa desenvolvimentista, mas uma hecatombe de desumanização dos povos originários da região e daqueles povos que foram sequestrados da África e trazidos para exploração no continente americano.

Nesse sentido, trata-se do que Dussel[172] afirma ao compreender a modernidade como a lógica que coloca a Europa no "centro" da História Mundial, constituindo todas as demais realidades como periferia. É o que se percebe como um etnocentrismo diferente de todos os outros, pois transforma a sua realidade local em universal. Nas palavras do autor, "[...] o 'eurocentrismo' da Modernidade é exatamente a confusão entre a universalidade abstrata com a mundialidade concreta hegemonizada pela Europa como 'centro'".

Esta visão eurocêntrica tornou-se hegemônica e operou reposicionando o "centro do mundo" e, por consequência, catalogando as experiências válidas e quais eram as formas corretas de interpretar os acontecimentos históricos, inviabilizando os efeitos da dominação intelectual que se iam produzindo nesse processo, ao mesmo tempo em que potencializava sua concepção de mundo. Por essa razão, a hegemônica narrativa histórica dos direitos humanos faz coincidir o surgimento "moderno" dos mesmos direitos humanos com as revoluções liberais do final do Século XVIII.

---

[171] Cortéz é uma figura central na invasão hispânica ao império asteca. Foi a liderança militar que conduziu os conquistadores ao interior do continente mesoamericano, alcançando o núcleo do império em Tenochtitlan. Sobre o personagem ver: MORAIS, Marcus Vinicius de. *Hernan Cortez*: civilizador ou genocida? Coleção guerreiros. São Paulo: contexto, 2011; ou mesmo consultar: CORTEZ, Hernan. *A conquista do México*. Tradução de Jurandir Soares dos Santos. Porto Alegre: L&PM, 2011.

[172] DUSSEL, E. *Transmodernidad e interculturalidad*. Interpretación desde la Filosofía de la Liberación. Ciudad do México: UAM, 2005a.

Sendo assim, o projeto de construção da modernidade foi uma violência operada de forma direta nos corpos e indireta na epistemologia, ou seja, não aconteceu somente por meio de exploração física. Explica Frantz Fanon[173] que o domínio colonial – total e simplificador – rapidamente fez desarticular a existência dos povos subjugados e das suas experiências. A negação das realidades alheias, os novos sistemas jurídicos introduzidos pelo sistema dominante, a marginalização e a escravidão sistemática foram fundamentais para a possibilidade de negação cultural dos outros sujeitos.

Ressalta-se que o interesse do colonizador não era aniquilar a existência dos oprimidos, mas conduzi-los a confessar a inferioridade das suas culturas para que fosse possível o processo de dominação. A partir desta perspectiva o colonizado estaria colocado, também, em um processo de servidão mental, totalmente subjugado e hierarquizado como explorado na naturalização da dominação econômica. Recorda-se aqui a importância da criação da ideia de "Raça" como categoria de divisão social, nos termos mencionados por Aníbal Quijano no primeiro capítulo.

Após a etapa da conquista e da dominação física dos corpos, iniciou-se o processo de colonização das sociedades que habitavam o que se conhece por América Latina, conformando uma ordem mundial que culminou em um poder global organizado e hegemônico. Este processo significou o controle das diversas fontes dos recursos mundiais sob as mãos das elites europeias e classes dominantes dentro da organização do poder na forma dos Estados-nações.

Apesar de cada caso ter sido marcado por diferentes características, é possível afirmar que os dominados (da África e da América) foram as principais vítimas dos europeus no processo da invasão e da exploração social, política, econômica e cultural, ou seja, vítimas das duas primeiras hecatom-

---

[173] FANON, Frantz. *Os Condenados da terra*. Rio de Janeiro: Civilização Brasileira, 1968.

bes[174] de violação dos direitos humanos. Inspirando-se nos termos de Maldonado-Torres, trata-se dos sujeitos condenados da modernidade submetidos as práticas que são denominadas como colonialismo e colonialidade.

Estas práticas ainda coincidem na América Latina com as formas de descumprimento dos Direitos Humanos atuais, pois são continuidades ou mesmo produto da outra cara da modernidade: a colonialidade. Representam, portanto, um modelo de repressão que recai historicamente sobre os modos de produzir conhecimento, perspectivas, imagens, símbolos e significação[175].

Nesse sentido, Aníbal Quijano salienta:

> Durante el mismo periodo en que se consolidaba la dominación colonial europea, se fue constituyendo el complejo cultural conocido como la racionalidade/modernidad europea, el cual fue establecido como un paradigma universal de conocimiento y de relación entre la humanidad y el resto del Mundo. Tal coetaneidad entre la colonialidad y la elaboración de la racionalidad/modemidad no fue de ningun modo accidental, como revela el modo mismo en que se elaboró el paradigma europeo del conocimiento racional. En realidad, tuvo implicaciones decisivas en la constitución del paradigma, asociada al proceso de emergencia de las relaciones sociales urbanas y capitalistas, las que, a su turno, no podrian ser plenamente explicadas al margen del colonialismo, sobre America Latina em particular[176].

Portanto, a razão moderna ganhou força a partir de um sistema europeu de dominação que ocorreu de diversas formas, sempre com o intuito de subjugar a cultura dominada

---

174 DUSSEL, E. *1492, O encobrimento do outro*: a origem do mito da modernidade, conferências de Frankfurt. Tradução de Jaime A. Classen. Petrópolis: Vozes, 1993.

175 QUIJANO, Aníbal. Colonialidad y modernidad/racionalidad. *Perú indígena*, v. 13, n. 29, p. 11-20, 1992.

176 QUIJANO, Aníbal. Colonialidad y modernidad/racionalidad. *Perú indígena*, v. 13, n. 29, p. 11-20, 1992, p. 15.

para que esta enxergasse a si mesma como inferior[177], o que facilitaria a prática da imposição. No âmbito da criticidade ao pensamento moderno, cabe destacar a perspectiva das seguintes categorias: Colonialidade do Poder, Colonialidade do Saber e do Ser na reflexão aos direitos humanos.

Inicia-se tratando o que Aníbal Quijano[178] define como poder. Na perspectiva demonstrada, o poder seria um conjunto de relações sociais que interagem entre os elementos de exploração, dominação e conflito; opera em uma disputa contínua pelo controle dos âmbitos sociais de existência. Vale novamente destacar que para Quijano[179], a ideia de raça foi uma questão central para a colonialidade do poder, uma vez que na América esta ideia foi um dos meios de legitimar as relações de dominação.

Com a invasão ao "novo continente", a Europa tornou-se o ponto central do mundo inaugurando uma nova idade: a modernidade.[180] O que conduziu a partir de então à perspectiva eurocêntrica do conhecimento e à elaboração de um critério de divisão social hierárquico denominado raça (como naturalização das práticas coloniais de exploração). Isso redundou em uma nova maneira de validar as relações de superioridade/inferioridade entre dominantes e dominados.

---

177 O sociólogo brasileiro Jessé de Souza critica a cultura do vira-lata em: SOUZA, Jessé. A elite do atraso: da escravidão à lava-jato. Rio de Janeiro: Leya, 2017.

178 QUIJANO, Aníbal. Colonialidade do poder, eurocentrismo e América Latina. In: LANDER, Edgard (Org.). *A colonialidade do saber*: eurocentrismo e ciências sociais. Perspectivas latinoamericanas. Colección Sur Sur. Buenos Aires: CLACSO, 2005.

179 QUIJANO, Aníbal. Colonialidade do poder, eurocentrismo e América Latina. In: LANDER, Edgard (Org.). *A colonialidade do saber*: eurocentrismo e ciências sociais. Perspectivas latinoamericanas. Colección Sur Sur. Buenos Aires: CLACSO, 2005.

180 DUSSEL, E. *Materiales para una Política de la liberación*. México: Plaza y Valdez S.A., 2007a.

Assim sendo, cada forma de controle do trabalho esteve articulada de acordo com a determinação racial, o que legitimou – também – a possibilidade de trabalho escravo nas colônias.

Pode-se constatar que, a partir da perspectiva das diferenças e hierarquias raciais, pautadas na colonialidade do saber eurocêntrico, justificou-se (e justifica) o processo de concentração do capital na Europa. Trata-se de reafirmar que a modernidade e a colonialidade estiveram juntas como diferentes faces de uma mesma moeda. Assim, o eurocentrismo apresenta-se como uma racionalidade ou perspectiva de poderio mundial hegemônico sobrepondo-se às demais formas, em especial na América Latina[181].

Esta força hegemônica foi o que justificou o saber colonial para apresentar sua própria perspectiva histórica como o conhecimento científico e universal, mostrando a visão de sociedade moderna como a mais avançada na experiência humana, sustentando-se nos abalos das transformações de poder ocorridas nas últimas décadas. A ocultação das principais formas de oposição política ao liberalismo, bem como a concentração do poderio militar nas indústrias do norte, contribui para a imagem do modelo moderno como único possível.

Porém, ressalta-se que tal processo de naturalização faz parte do projeto colonial hegemônico iniciado no século XVI e fortalecido no final do século XVIII. Para possibilitar a perpetuação desta lógica, cria-se um imaginário do saber moderno com – basicamente – quatro dimensões: *1) visão universal da história associada ao progresso; 2) a naturalização das relações sociais e da natureza humana da sociedade liberal capitalista; 3) a naturalização ou ontologização das múltiplas áreas*

---

[181] QUIJANO, Aníbal. Colonialidade do poder, eurocentrismo e América Latina. In: LANDER, Edgard (Org.). *A colonialidade do saber*: eurocentrismo e ciências sociais. Perspectivas latinoamericanas. Colección Sur Sur. Buenos Aires: CLACSO, 2005.

próprias desta sociedade; e 4) a necessária superioridade do conhecimento destas sociedades em relação a todas as outras[182].

Para Edgardo Lander, a construção eurocêntrica:

> [...] pensa e organiza a totalidade do tempo e do espaço para toda a humanidade do ponto de vista de sua própria experiência, colocando sua especificidade histórico-cultural como padrão de referência superior e universal. Mas é ainda mais que isso. Este metarrelato da modernidade é um dispositivo de conhecimento colonial e imperial em que se articula essa totalidade de povos, tempo e espaço como parte da organização colonial/imperial do mundo. Uma forma de organização e de ser da sociedade transforma-se mediante este dispositivo colonizador do conhecimento na forma a "normal" do ser humano e da sociedade. As outras formas de ser, as outras formas de organização da sociedade, as outras formas de conhecimento, são transformadas não só em diferentes, mas em carentes, arcaicas, primitivas, tradicionais, pré-modernas[183].

Ou seja, há uma organização de lógica de pensamento e da história a partir de uma única perspectiva como referência para qualquer outro meio, apresentando-se como saber universal. Tal prática não ocorre por mera coincidência, mas como um projeto imperialista e coloca-se como totalidade por meio de um mecanismo colonizador de conhecimento, posicionando qualquer outra forma de pensamento como atrasada, bárbara e subserviente[184]. Esta hierarquização in-

---

182 LANDER, Edgardo. Ciência Sociais: Saberes coloniais e eurocêntricos. *In* LANDER, Edgardo et al.. *A colonialidade do saber:* eurocentrismo e ciências sociais: perspectivas latino-americanas. Conselho Latino-americano de Ciências Sociais (CLACSO), 2005.

183 LANDER, Edgardo. Ciência Sociais: Saberes coloniais e eurocêntricos. *In* LANDER, Edgardo et al.. *A colonialidade do saber:* eurocentrismo e ciências sociais: perspectivas latino-americanas. Conselho Latino-americano de Ciências Sociais (CLACSO), 2005, p. 13.

184 LANDER, Edgardo. Ciência Sociais: Saberes coloniais e eurocêntricos. *In* LANDER, Edgardo et al.. *A colonialidade do saber:* eurocentrismo e ciências sociais: perspectivas latino-americanas. Conselho Latino-americano de Ciências Sociais (CLACSO), 2005.

valida as outras narrativas, inclusive históricas, promovendo a unilateralidade do discurso, como é caso da hipótese deste estudo (a unilateralidade do discurso histórico dos Direitos Humanos dentro totalidade moderna).

Por fim, trata-se da colonialidade do Ser como sujeito de direitos humanos. Nesse caso aos povos originários e aos Afros, a consequência histórica foi serem tratados de uma forma de exceção do Ser, produzindo o "Não Ser"[185]. A colonialidade do Ser atua na negação e na violação do sentido da alteridade humana, ou seja, na inferiorização da sua condição de humanidade, ao mesmo tempo em que naturaliza as mazelas nas quais se encontra parcela significa dos sujeitos que habitam o Sul global[186].

Esta forma de dominação foi justificada a partir do pensamento cartesiano do *ego cogito*, precedido pelo o *ego conquiro*, considerado como elemento possibilitador do *ego cogito*, conforme recordado no primeiro capítulo. A categorização hierárquica dos sujeitos pensantes como privilegiados no sistema-mundo moderno só foi possibilitada pelo trabalho escravo do *ego conquiro* na colonialidade[187].

Para o saber hegemônico dominador, o pensamento diferente da lógica do *ego cogito* não era considerado como real. Logo, negou-se as diversidades dos conhecimentos dos sujeitos subjugados, o que forneceu a base para a sua negação on-

---

[185] ZIMMERMANN, Roque. *América Latina o não ser*: uma abordagem filosófica a partir de Enrique Dussel (1962-1976). Rio de Janeiro: Editora Vozes, 1986.

[186] Sobre a ideia de Sul Global ver: SANTOS, Boaventura de Sousa. *Refundación del Estado en América Latina*. Perspectivas desde una epistemología del Sur. Lima: Instituto Internacional de Derecho y Sociedad; Programa Democracia y Transformación Global. Também publicado na Venezuela, pelas Ediciones IVIC – Instituto Venezuelano de Investigaciones Cientificas, na Bolívia por Plural Editores, e na Colômbia, por Siglo del Hombre Editores, 2010.

[187] Sobre esse tema ver: DUSSEL, Enrique. *Filosofía de la liberación*. México: FCE, 2011, p. 08.

tológica e consequentemente os seus direitos como humanos. Ou seja, trata-se de uma forma de dominação em que privilegia um pensamento em detrimento de outro, corroborando com a ideia de inferioridade racial de indígenas e negros.[188]

Posto dessa forma, esclarece Nelson Maldonado-Torres que:

> La colonialidad del ser está, pues, relacionada con la producción de la línea de color en sus diferentes expresiones y dimensiones. Se hace concreta en la producción de sujetos liminales, los cuales marcan el límite mismo del ser, esto es, el punto en el cual el ser distorsiona el sentido y la evidencia, al punto de y para producir un mundo donde la producción de sentido establecido sobrepase la justicia. La colonialidad del ser produce la diferencia ontológica colonial, lo que hace desplegar un sinnúmero de características existenciales fundamentales e imaginarios simbólicos[189].

Por conseguinte, até então, ficaram demonstradas algumas das categorias teóricas da colonialidade com o intuito de elucidar as formas com as quais se manifestam em meio à dominação. Vale ressaltar, contudo, que assim como descolonialidade e descolonização não são sinônimos, afirma Maldonado-Torres[190] que a colonialidade não significa o

---

[188] MALDONADO-TORRES, Nelson. Sobre la colonialidad del ser: contribuciones al desarrollo de un concepto. In: CASTRO-GÓMEZ, Santiago; GROSFOGUEL, Ramón. El giro decolonial: reflexiones para una diversidad epistémica más allá del capitalismo global. Bogotá: Siglo del Hombre Editores; Universidad Central, Instituto de Estudios Sociales Contemporáneos y Pontificia Universidad Javeriana, Instituto Pensar, 2007.

[189] MALDONADO-TORRES, Nelson. Sobre la colonialidad del ser: contribuciones al desarrollo de un concepto. In: CASTRO-GÓMEZ, Santiago; GROSFOGUEL, Ramón. El giro decolonial: reflexiones para una diversidad epistémica más allá del capitalismo global. Bogotá: Siglo del Hombre Editores; Universidad Central, Instituto de Estudios Sociales Contemporáneos y Pontificia Universidad Javeriana, Instituto Pensar, 2007, p. 151.

[190] MALDONADO-TORRES, Nelson. Sobre la colonialidad del ser: contribuciones al desarrollo de un concepto. In: CASTRO-GÓMEZ, Santiago; GROSFOGUEL, Ramón. El giro decolonial: reflexiones para

mesmo que colonialismo. A ideia de colonialismo remete à relação sócio-política e econômica em que a soberania de um povo é subjugada por outro Estado (ou império); de maneira diferente é a colonialidade, que está ligada a um padrão de poder que surgiu a partir do colonialismo e refere-se à forma de produção violenta do trabalho, do conhecimento e da dominação.

Desta maneira, ainda que atualmente o colonialismo tenha (oficial e formalmente) acabado, pode-se falar que a colonialidade é vivida hodiernamente. Por conta disso, há a necessidade da identificação das estruturas que reproduzem a colonialidade e aplicação de um *giro descolonial* para além das perspectivas da modernidade, em que possa operar uma sociologia emergente[191] como pensamento crítico dos direitos humanos.

Assim, é a partir destas contribuições sócio-históricas descoloniais que vai emergir a possibilidade crítica para reposicionar a historicidade dos Direitos Humanos, tarefa da próxima etapa.

2.2. DESCOLONIALIDADE E TRANSMODERNIDADE: AS CONTRIBUIÇÕES DO PENSAMENTO CRÍTICO DESDE A REALIDADE LATINO-AMERICANA

A partir da compreensão da dominação colonial e da colonialidade como forma de pensamento, subjetividade e poder, cumpre destacar a maneira que o *giro descolonial* manifesta-se na contemporaneidade, em especial na América Latina. Para tal, expor-se-ão algumas características deste pensamento de libertação periférica.

---

una diversidad epistémica más allá del capitalismo global. Bogotá: Siglo del Hombre Editores; Universidad Central, Instituto de Estudios Sociales Contemporáneos y Pontificia Universidad Javeriana, Instituto Pensar, 2007.

[191] SANTOS, Boaventura de Sousa. Para uma sociologia das ausências e uma sociologia das emergências. *Revista Crítica de Ciências Sociais*, v. 63, 2002, pp. 237-280.

Seguindo nessa lógica, Maldonado Torres[192] afirma que o *giro descolonial* refere-se em primeiro lugar à percepção de que as formas hodiernas de poder foram produzidas a partir da modernidade, ocultando as criações das distintas comunidades e sujeitos. Essa maneira de pensamento também se refere ao reconhecimento das múltiplas posturas de poder colonial sobre os sujeitos que mais foram marcados pelo projeto de morte e desumanização criado pela modernidade. Logo, é a partir desse cenário como totalidade que se buscam alternativas a tal raciocínio moderno.

O giro descolonial pode ser compreendido como os movimentos de resistência que não se submetem as mazelas da modernidade, denunciando-as, e expondo o seu lado oculto (a colonialidade). Podem-se destacar como principais autores destas lutas o movimento pan-africanista e as diversas mobilizações por descolonização promovidas pelos povos indígenas e afrodescendentes nas Américas. Isto mostra que tais movimentos sociais não acontecem apenas no campo teórico, mas necessitam – também – da ativa participação dos intelectuais envolvidos[193].

Estas organizações sociais encontram-se dentro das pautas do "pós-colonialismo", classificação que para Ballestrin[194] possui basicamente dois entendimentos: O primeiro está relacionado à questão histórica posterior aos movimentos de descolonização dos que foram denominados "terceiro mundo". Refere-se, pois, à ideia de libertação formal das sociedades exploradas pelos imperialismos e neocolonialismos. A segunda acepção está relacionada com o que foi exposto anteriormente e diz respeito ao conjunto de contribuições teóricas que ganharam evidência a partir da década de 1980

---

[192] MALDONADO-TORRES, Nelson. La descolonización y el giro des-colonial. *Tabula rasa*, n. 9, 2008.

[193] MALDONADO-TORRES, Nelson. La descolonización y el giro des-colonial. *Tabula rasa*, n. 9, 2008.

[194] BALLESTRIN, Luciana. América Latina e o giro decolonial. *Revista brasileira de ciência política*, v. 11, p. 89, 2013.

de forma individualizada ou então a partir da década de 1990 com o projeto modernidade/colonialidade mencionado no primeiro capítulo.

Conforme já demonstrado, o pensamento contra a dominação colonial (anticolonial) existe desde o início do projeto de dominação pela modernidade tendo expositores como Felipe Guaman Pomam de Ayala, que manifestou a sua irresignação através dos seus escritos em 1616 com a "Nueva Corónica y Buen Goberno"[195], no qual trazia reflexões a respeito do tratamento cruel destinado aos povos originários, conforme se lê.

> Cómo los padres y curas de las doctrinas son muy coléricos y señores absolutos y soberbiosos, y tienen muy mucha grauedad, que con el miedo se huyen los dichos indios. Y de que no se acuerdan los dichos sacerdotes de que Nuestro Señor Jesucristo se hizo pobre y humilde para ajuntar y traer a los pobres pecadores, y llevarlos a su Santa Iglesia, y de allí llevarlos a su reino del cielo. Como los dichos padres y cursas de las doctrinas tienen en su compañia a los dichos sus hermano, y a sus hijos o parientes, o algún español, o mestizo o mulato, o tiene esclavos o esclavas, o mucos indios yanaconas o chinaconas, cocineras de que hacen daño, y con todo este dicho recrecen mucho daños y robamientos de los pobres indios de estos reinos[196].

O pensamento anticolonial, por mais que tenha os seus reflexos evidenciados nas últimas décadas, é algo que caminhou de forma paralela à dominação e ganhou notoriedade acadêmica no final do século XX. Assim sendo, o pensamento crítico descolonial não se coloca como um novo saber universal nem mesmo apresenta-se como detentor de verdades absolutas. Trata-se de outra maneira de pensar, redimensionando os paradigmas da modernidade e evidenciando que a colonialidade é a outra cara da modernidade; logo, a problemática central é a

---

[195] POMA DE AYALA, Felipe Guaman. *El Primer Nueva Corónica y Buen Gobierno*. México: Siglo XXI, 2006.

[196] POMA DE AYALA, Felipe Guaman. *El Primer Nueva Corónica y Buen Gobierno*. México: Siglo XXI, 2006, p. 533.

crítica à univocidade do saber moderno[197] e as suas formas de encobrimento das experiências históricas concretas.

No mesmo sentido, Enrique Dussel[198] traz a questão da transmodernidade como forma de compreender os fenômenos periféricos a partir de um diálogo intercultural que percebe o que está à exterioridade da totalidade moderna. Não como negação da modernidade, mas como superação. Definição que vale ser lida nas palavras do autor.

> Así el concepto estricto de "*trans*-moderno"quiere indicar esa radical novedad que significa la irrupción, como desde la Nada, desde Exterioridad alterativa de lo siempre Distinto, de culturas universales en proceso de desarrollo, que asumen los desafíos de la Modernidad, y aún de la Post-modernidad europeo-norteamericana, pero que responden *desde otro lugar, other Location*. Desde el lugar de sus propias experiencias culturales, distinta a la europeo-norteamericana, y por ello con capacidad de responder con soluciones absolutamente imposibles para sola cultura moderna. Una futura cultura *trans*-moderna, que asume los momentos positivos de la Modernidad (pero evaluados con criterios distintos desde otras culturas milenarias), tendrá una pluriversidad rica y será fruto de un auténtico diálogo intercultural, que debe tomar claramente en cuenta las asimetrías existentes [...][199].

Com isso, ressalta-se que as insurgências do pensamento crítico descolonial não buscam a erradicação da modernidade, uma vez que, diferente do projeto dominante, não se colocam como saber absoluto e excludente. E. Dussel pontua que a transmodernidade busca subsumir criticamente à modernidade para superá-la como processo histórico. De imediato a descolonialidade emerge da experiência colonial, do pensamento alheio à Descartes e invisível à Marx. Por

---

[197] MIGNOLO, Walter. Desafios decoloniais hoje. *Revista Epistemologias do Sul*, v. 1, n. 1, p. 12-32, 2017.

[198] DUSSEL, E. *Transmodernidad e interculturalidad*. Interpretación desde la Filosofía de la Liberación. Ciudad do México: UAM, 2005a.

[199] DUSSEL, E. *Transmodernidad e interculturalidad*. Interpretación desde la Filosofía de la Liberación. Ciudad do México: UAM, 2005a, p. 18.

isso é necessário que se compreenda a diversidade das formas de vidas e pensamentos que têm sido desqualificados pela modernidade.[200]

Tal perspectiva vai ao encontro da categoria chamada por Boaventura de Sousa Santos[201] de retorno do colonial, ao tratar das linhas abissais. Afirma o autor português que durante muito tempo as linhas abissais dividiram o saber real entre os que estão do lado privilegiado da linha e os que estão no abismo. Todavia, nas últimas décadas com os movimentos insurgentes dos colonizados, estas linhas são ultrapassadas, rompendo o abismo que separa os privilegiados e ocupando um espaço que até então sempre pertenceu ao colonizador, só que, ao invés de buscar privilégios, os colonizados lutam por direitos humanos.

Sendo assim, os colonizados, em verdade, não somente ultrapassam as linhas divisórias, mas acabam rompendo as estruturas que mantêm a própria divisão, causando fissuras descoloniais e diminuindo a abissal diferença hierárquica. Por esta razão a necessidade de uma compreensão histórico crítica dos direitos humanos que verifique essas rupturas como fenômeno político em busca de direitos por sujeitos subalternizados.

Estes movimentos não estão no centro do debate do pós-colonialismo, pois não interessam aos poderes hegemônicos, uma vez que os processos de libertação a partir das realidades periféricas buscam pensar e articular suas *práxis insurgentes* desde a própria realidade, o que é uma ameaça às estruturas do poder.

---

[200] MIGNOLO, Walter. Desafios decoloniais hoje. *Revista Epistemologias do Sul*, v. 1, n. 1, p. 12-32, 2017.

[201] SANTOS, Boavetura de Sousa. Para além do pensamento abissal: das linhas globais a uma ecologia de saberes. *Novos estudos-CEBRAP*, n. 79, p. 71-94, 2007.

Nesse cenário, recorda Ballestrin:

> Basicamente, a decolonização é um diagnóstico e um prognóstico afastado e não reivindicado pelo *mainstream* do pós-colonialismo, envolvendo diversas dimensões relacionadas com a colonialidade do ser, saber e poder. Ainda que assuma influência do pós-colonialismo, o Grupo Modernidade/Colonialidade recusa o pertencimento e a filiação a essa corrente. O mesmo se aplica à outras influências recebidas que possibilitaram o surgimento e o desenvolvimento da construção teórica do grupo. Contudo, aquilo que é original dos estudos decoloniais parece estar mais relacionado com as novas lentes colocadas sobre velhos problemas latino-americanos do que com o elenco desses problemas em si[202].

Logo, o saber descolonial está alicerçado em conhecimentos históricos e filosóficos a partir da perspectiva dos que não estão no centro do pensamento moderno. O que acabou por revelar a colonialidade como dimensão ocidental do conhecimento dentro de uma realidade fictícia disseminada por mais de 500 anos. E essa é a diferença entre o pensamento crítico descolonial e o pensamento racional moderno; este se coloca como um saber universal unívoco, impondo ao mundo, através das estruturas da colonialidade, os conceitos internos como se fossem globais. Os acontecimentos filosóficos e históricos da Europa não são universais e não representam o que aconteceu no mundo todo; trata-se de eventos regionais disseminados como absolutos.[203]

É necessário, portanto, que se busque pensar além das fronteiras da modernidade e percebam-se as distinções existentes. Conforme demonstrado, os saberes coloniais impostos como universais devem ser questionados por movimentos insurgentes descoloniais que nos últimos anos vêm ganhando mais força política e notoriedade.

---

[202] BALLESTRIN, Luciana. América Latina e o giro decolonial. *Revista brasileira de ciência política*, v. 11, p. 89, 2013, p. 108.

[203] MIGNOLO, Walter. Desafios decoloniais hoje. *Revista Epistemologias do Sul*, v. 1, n. 1, p. 12-32, 2017.

Ainda, é pela resistência e pela luta dos que morreram e morrem diariamente em busca do que Mignolo[204] chama de desocidentalização, que é necessário um pensar além do ocidente para que se possa então entender a realidade a partir da exterioridade. Nas palavras do próprio autor: "A exterioridade não é um fora do capitalismo e da civilização ocidental, mas o fora que se cria no processo de criar o dentro"[205].

Com estes elementos, o giro descolonial potencializa o reposicionamento do pensamento crítico regional, inclusive na temática que diz respeito aos Direitos Humanos e sua forma histórica dimensional.

2.3. AS DIMENSÕES HISTÓRICAS DOS DIREITOS HUMANOS NA MODERNIDADE: UMA REFLEXÃO CRÍTICA DESDE O GIRO DESCOLONIAL

Dando prosseguimento à perspectiva crítica do giro descolonial, cabe destacar as ideias da recuperação das experiências em Direitos Humanos na exterioridade da modernidade, práticas de lutas humanistas que foram encobertas pela colonialidade. Essas vivências insurgentes foram estudadas detalhadamente na tese doutoral do pesquisador mexicano Alejandro Rosillo Martínez[206], que buscou refletir sobre a transformação histórica dos Direitos Humanos na modernidade, problematizando a concepção dimensional desde a ideia da diferença colonial, evidenciando que a periodização moderna ignora a América Latina.

Assim, a reflexão é realizada com intuito de demonstrar a diferença colonial na orientação dada pela assimilação do

---

[204] MIGNOLO, Walter. Desafios decoloniais hoje. *Revista Epistemologias do Sul*, v. 1, n. 1, p. 12-32, 2017.

[205] MIGNOLO, Walter. Desafios decoloniais hoje. *Revista Epistemologias do Sul*, v. 1, n. 1, p. 12-32, 2017, p. 28.

[206] ROSILLO, Alejandro. *Los inicios de la tradición iberoamericana de derechos humanos*. México: Universidad Autónoma de San Luis de Potosí; Centro de Estudios jurídicos y sociales Mispat. San Luis Potosí/Aguascalientes, 2011.

historicismo moderno. Logo, o exercício é evitar: "[...] el imperialismo de las categorías basado en esta periodificación, y diferenciar así las corrientes de pensamiento generadas en Europa de su adopción, adaptación o renovación realizadas en Latinoamérica"[207].

Entre os diversos motivos para o estudo do tema, é possível destacar a questão desde uma postura diferente da costumeira nas doutrinas de direitos humanos (que tratam as experiências anteriores ao século XVIII como antecedentes). Ou seja, a contribuição crítica de Rosillo busca uma postura que não desperdice as experiências e as lutas anteriores à chamada primeira dimensão (das liberdades públicas)[208].

Ademais, o mesmo autor menciona que:

> [...] a través de esta tradición las luchas de liberación latinoamericanas pueden hablar de derechos humanos sin asumir forzosamente sus matrices eurocéntricas, monocultural, individual y burguesa. desde las propias circunstancias sociohistóricas de América Latina, la lucha por la dignidad humana ha adquirido un sentido pluriétnico, pluricultural, comunitario y popular; a partir de estas características, los derechos de las personas se han pensado desde las clases sociales más desfavorecidas, desde abajo, y en contextos concretos, evitando así la formulación de abstracciones respecto al ser humano o de un formalismo que oculta aspectos de la realidad y falsea[209].

---

[207] ROSILLO, Alejandro. *Los inicios de la tradición iberoamericana de derechos humanos*. México: Universidad Autónoma de San Luis de Potosí; Centro de Estudios jurídicos y sociales Mispat. San Luis Potosí/Aguascalientes, 2011, p. 40.

[208] ROSILLO, Alejandro. *Los inicios de la tradición iberoamericana de derechos humanos*. México: Universidad Autónoma de San Luis de Potosí; Centro de Estudios jurídicos y sociales Mispat. San Luis Potosí/Aguascalientes, 2011, p. 15.

[209] ROSILLO, Alejandro. *Los inicios de la tradición iberoamericana de derechos humanos*. México: Universidad Autónoma de San Luis de Potosí; Centro de Estudios jurídicos y sociales Mispat. San Luis Potosí/Aguascalientes, 2011, p. 17.

Por esta razão, a produção de cânones do pensamento moderno, em especial a razão metonímica[210], opera ignorando outras ideias, potencializando a monocultura:

> La filosofía jurídica hegemónica ha sido creada desde la razón metonímica que ha ocasionado el desperdicio de la experiencia, al buscar juzgar las partes desde una parte que se impone como totalidad. Lo que no se adapte al canon de la monocultural del saber es declarado inexistente. Así, por ejemplo, no es extraño encontrar posturas que consideran que la "filosofía del derecho" propiamente dicha sólo se genera a partir del nacimiento del estado moderno, pues es entonces cuando el objeto de estudio "derecho" comienza a existir; las filosofías anteriores a

---

[210] Para compreender a razão metonímica ver: A razão metonímica é obcecada pela ideia da totalidade sob a forma de ordem. Não compreensão nem acção que não seja referida a um todo e o todo tem absoluta primazia sobre cada uma das partes que o compõem. Por isso, há apenas uma lógica que governa tanto o comportamento do todo como o de cada uma das partes. Há, pois, uma homogeneidade entre o todo e as partes e estas não têm existência fora da relação da totalidade. As possíveis variações do movimento das partes não afectam o todo e são vistas como particularidades. A forma mais acabada de totalidade para a razão metonímica é a dicotomia, porque combina, do modo mais elegante, a simetria com a hierarquia. A simetria entre as partes é sempre uma relação horizontal que oculta uma relação vertical". SANTOS, Boaventura de Sousa. *A gramática do tempo:* para uma nova cultura política (Coleção para um novo senso comum; V. 4). São Paulo: Cortez, 2006, p. 95. Em termos explícitos se trata de uma racionalidade de produção da monocultura, operando na monocultura do saber, que possuí na sua esfera de particularidade a ignorância, a monocultura do tempo linear , fundada na dicotomia avançado/atrasado, monocultura da naturalização da diferença, que serva para naturalizar hierarquias sociais, resultando na dialética superior e inferior, ainda, operando na lógica de escalas dominantes entre o universal e local, e por fim a ideia que fundamenta o desenvolvimentismo moderno, calcado na lógica de monocultura produtivista capitalista (dicotomia do improdutivo/preguiçoso). Resumindo seria a produção do ignorante, residual, o inferior, o local e o improdutivo/preguiçoso. Estas instâncias têm o objetivo primordial de resumir o presente ao que existe, ou ao que é permitido por esta razão existir, como preparação para um futuro, inalcançável, infalível, incontrolavelmente controlado pelas experiências comprovadas da ciência moderna.

las modernas, como la de Tomás de Aquino, por ejemplo, no podrían considerarse Filosofía del Derecho pues más bien eran filosofías morales que, entre tantas normatividades, reflexionaban sobre los mandatos de los príncipes y señores feudales. Y, por supuesto, en otras culturas donde el estado moderno no existiese, el "derecho" no existió como tal, sino sólo órdenes normativos con cierta coercibilidad. Ni qué decir de aquellas posturas que opinan que fuera de la voluntad del estado no hay "derecho", y reducen a "usos y costumbres" las prácticas jurídicas vivas de los pueblos indígenas, por ejemplo[211].

Frente a este cenário, torna-se necessário uma mudança de postura que possa romper esta estrutura de pensamento moderno hegemônico e evitar tal desperdício. Para redimensionar a historicidade não há outra forma senão refletir criticamente sobre a própria ideia de dimensão dos Direitos Humanos. Porém, para esta tarefa, uma opção radical deve ser tomada, eis que ganha sentido o giro descolonial como forma de revelar as experiências históricas invisibilizadas pela modernidade e apresentá-las como alternativas à historicidade da própria modernidade:

> [...] hay que asumir que la razón metonímica no logró de forma total desaparecer dichas alternativas, sino que quedaron componentes o fragmentos fuera del orden de la totalidad. Una de estas alternativas es la lectura del pasado desde el horizonte de la liberación que recupera la Tradición Iberoamericana de Derechos Humanos[212].

E, prossegue o autor destacando a necessidade de assumir o giro descolonizador:

---

211 ROSILLO, Alejandro. *Los inicios de la tradición iberoamericana de derechos humanos.* México: Universidad Autónoma de San Luis de Potosí; Centro de Estudios jurídicos y sociales Mispat. San Luis Potosí/Aguascalientes, 2011, p. 32.

212 ROSILLO, Alejandro. *Los inicios de la tradición iberoamericana de derechos humanos.* México: Universidad Autónoma de San Luis de Potosí; Centro de Estudios jurídicos y sociales Mispat. San Luis Potosí/Aguascalientes, 2011, p. 33.

> [...] para nuestro tema es necesario asumir el "giro descolonizador", es decir, ser conscientes de que las ciencias se han desarrollado desde la perspectiva de los países centrales y sus proyectos son funcionales a la empresa colonizadora o, en otros casos, sus reflexiones aunque tengan un profundo carácter emancipador no son conscientes y no reflexionan sobre las relaciones metrópolis-colonias y sus consecuencias. Además, este giro también significa que el pensamiento desde los países periféricos debe ser capaz de generar sus propias categorías y ser capaz de asumir de manera crítica aquellas de contenido emancipador venidas de las metrópolis[213].

Portanto, o que se apresenta é a imprescindível localização geo-epistêmica do pensamento desde a realidade histórica concreta. Para isto, o autor menciona que se deve refletir sobre a matriz colonizadora da narrativa histórica eurocêntrica (tal qual o recorte moderno das dimensões a partir das revoluções burguesas liberais do século XVIII)[214]. Desta forma, alguns desafios para recuperar uma tradição iberoamericana de Direitos Humanos devem ser observados, tais como: "[...] a) evitar el desperdicio de experiencia histórica; b) aplicar el "giro descolonizador"; c) superar la periodificación dominante de la historia y reubicar el inicio de la Modernidad; d) superar el secularismo tradicional de las filosofías políticas; e) asumir una definición crítica y compleja de derechos humanos"[215].

---

213 ROSILLO, Alejandro. *Los inicios de la tradición iberoamericana de derechos humanos*. México: Universidad Autónoma de San Luis de Potosí; Centro de Estudios jurídicos y sociales Mispat. San Luis Potosí/Aguascalientes, 2011, p. 36.

214 ROSILLO, Alejandro. *Los inicios de la tradición iberoamericana de derechos humanos*. México: Universidad Autónoma de San Luis de Potosí; Centro de Estudios jurídicos y sociales Mispat. San Luis Potosí/Aguascalientes, 2011.

215 ROSILLO, Alejandro. *Los inicios de la tradición iberoamericana de derechos humanos*. México: Universidad Autónoma de San Luis de Potosí; Centro de Estudios jurídicos y sociales Mispat. San Luis Potosí/Aguascalientes, 2011, p. 26.

Nesse sentido, Rossillo elenca destaca uma concepção sócio-histórica de direitos humanos:

> O compreender os direitos humanos como momentos da práxis histórica de libertação se constitui em um fundamento sócio-histórico. Logo, trata-se de entender a práxis da libertação dos novos sujeitos sócio-históricos como fundamento dos direitos humanos. De certa forma, a análise crítica que realiza Helio Gallardo tem relação com nosso tema. Este autor assinala que o fundamento dos direitos humanos não é filosófico, mas sociológico; este deve entender-se como matriz e, portanto se constitui pela formação social moderna que contém tensões, conflitos e deslocamentos. Ora, **o fundamento se encontra na sociedade civil, em sua dinâmica emergente libertadora, em seus movimentos e mobilizações sociais contestatórias**. O fundamento dos direitos humanos teria então como motor a luta social em **matrizes sócio-históricas**; assim, Gallardo afirma que "desde o ponto de vista da sua prática, o fundamento dos direitos humanos se encontra, ostensivamente, em sociedades civis emergentes, vale dizer, em movimentos e mobilizações sociais que alcançam incidência política e cultural (configuram ou renovam um ethos ou sensibilidade) e, por isso, podem institucionalizar juridicamente e com eficácia suas reclamações". Esta fundamentação sócio-histórica é assumida pelo pensamento da libertação não só desde o aspecto sociológico, mas também desde o horizonte filosófico[216].

No mesmo viés vai a perspectiva de José Geraldo de Sousa Jr. quando destaca: Os direitos humanos são lutas sociais concretas de experiência de humanização. São, em síntese, o ensaio de positivação da liberdade conscientizada e conquistada no processo de criação das sociedades, na trajetória emancipatória do homem.[217]

---

216 GALLARDO apud ROSILLO, Alejandro. *Los inicios de la tradición iberoamericana de derechos humanos*. México: Universidad Autónoma de San Luis de Potosí; Centro de Estudios jurídicos y sociales Mispat. San Luis Potosí/Aguascalientes, 2011, p. 15, grifo nosso.

217 SOUSA JUNIOR, José Geraldo de. *Direito como liberdade*: o direito achado na rua. Porto Alegre: Sergio Antonio Fabris, 2011, p. 183.

Ou seja, os direitos humanos são entendidos como "processos históricos de lutas por direitos", construções sócio-históricas, como recorda Ignácio de Ellacuría[218]: "Es aqui donde aparece la historia como el lugar de plenificación y de revelación de la realidad: el hombre socialmente considerado y haciendo historia es el lugar de manifestación de la realidad".

Por meio dessa razão crítica à ideia tradicional de Direitos Humanos, cabe a denúncia sobre a deslegitimação das lutas históricas dos povos oprimidos no processo de colonização. Portanto, uma teoria crítica dos Direitos Humanos apresenta-se como uma conceituação reflexiva que amplia o cânone dimensional moderno:

> É a partir do modo como os direitos se manifestam e se realizam no cotidiano social, portanto, observando o funcionamento dos sistemas de garantia e as formas de violação de direitos na vida das pessoas – e não desde uma perspectiva de projeção teórica ou reconhecimento formal -, que se afirma que a indivisibilidade e a interdependência dos direitos humanos constituem manifestações ontológicas dos direitos humanos. isto quer dizer que não são nem categorias teóricas de uma formulação ideal dos direitos humanos, nem representam um imperativo impresso aos direitos humanos pela consciência ou filtro institucional, mas, em sentido contrário, significa que indivisibilidade e interdependência são categorias que expressam teoricamente o modo como os direitos humanos se constituem na realidade[219].

No mesmo sentido, o jurista crítico dos Direitos Humanos, Joaquín Herrera Flores, conceituou:

---

218 ELLACURÍA, Ignacio. *Filosofía para qué?* San Salvador: UCA, 2013, p. 9.

219 ESCRIVÃO FILHO, Antonio; SOUSA JUNIOR, José Geraldo de. Para um debate teórico-conceitual e político sobre os Direitos Humanos como um projeto de sociedade. In: MOREIRA PINTO, João Batista; SOUZA, Eron Geraldo de (Org.). *Os Direitos Humanos como um projeto de sociedade*: desafios para as dimensões política, socioeconômica, ética, cultural, jurídica e socioambiental. Rio de Janeiro: Lumen Juris, 2015, p. 49.

[...] os direitos humanos são o resultado de lutas sociais e coletivas que tendem à construção de espaços sociais, econômicos políticos e jurídicos que permitam o empoderamento de todas e de todos para lutar plural e diferenciadamente por uma vida digna de ser vivida[220].

A ideia central opera pelo processo histórico de libertação desde os ensinamentos de Roberto Lyra Filho[221], ou, como recorda Sousa Jr. os Direitos Humanos, revelam-se na "[...] enunciação dos princípios de uma legítima organização social da liberdade"[222].

Dessa maneira, após problematizada a condição definidora dos Direitos Humanos desde a teoria crítica e do giro descolonial, cabe demonstrar como se pode refletir sobre as tradicionais dimensões. Para tanto, não será resgatada uma por uma cada dimensão da narrativa moderna de Direitos Humanos; afinal, é perceptível em qualquer manual doutrinário do tema tal recorrido histórico[223].

A primeira dimensão de Direitos Humanos é identificada na luta da burguesia europeia contra os privilégios da nobreza e a concentração do poder do Estado absolutista[224], formando uma hegemonia política burguesa[225]. Esta forma clássica é

---

[220] HERRERA FLORES, Joaquín. *A reinvenção dos direitos humanos*. Florianópolis: Fundação Boiteux, 2009, p. 109.

[221] LYRA FILHO, Roberto. *O que é direito?* São Paulo: Ed. Brasiliense, 1995.

[222] SOUSA JUNIOR, José Geraldo de. *Direito como liberdade*: o direito achado na rua. Porto Alegre: Sergio Antonio Fabris, 2011, p. 43.

[223] RAMOS, André de Carvalho. *Curso de direitos humanos*. São Paulo: Saraiva, 2016.

[224] MICHELET, Jules. *História da Revolução Francesa:* da queda da Bastilha à festa da Federação. São Paulo: Companhia das Letras, 1989.

[225] Quanto aos direitos humanos, a Revolução Francesa e suas extensões militares por quase todo o continente já haviam esgotado o que tinha a oferecer: igualdade civil e liberdade individual – uma e outra muito relativizadas pela desigualdade social que se consolidava no capitalismo. [...] os anseios de igualdade social ou, ao menos, de algo que

definida como dimensão das liberdades negativas, o famoso não fazer limitador das ações do Estado frente à emergente autonomia individual que pode ser sintetizado no artigo 4 da Declaração dos Direitos do Homem e do Cidadão de 1789[226]. Contudo, o que esta versão histórica invisibiliza é que a mesma declaração, além de não ser democrática (nos sentidos: social, político e econômico)[227], não tinha validade para a realidade colonial da mesma França revolucionária. Como exemplo a luta dos negros que ocupavam a ilha de Santo

---

se aproximasse disso foram ferozmente frustrados pelos revolucionários burgueses que, malgrado sua aliança com o campesinato e com as massas populares urbanas, sempre conservaram a hegemonia política e por isso, imprimiram ao processo de transformação a marca de seus interesses de classe. TRINDADE, José Damião de Lima. *História social dos Direitos Humanos*. São Paulo: Peirópolis, 2011, p. 76.

226 "Art. 4º. A liberdade consiste em poder fazer tudo que não prejudique o próximo. Assim, o exercício dos direitos naturais de cada homem não tem por limites senão aqueles que asseguram aos outros membros da sociedade o gozo dos mesmos direitos. Estes limites apenas podem ser determinados pela lei". Declaração dos Direitos do Homem e do Cidadão, 1789. Disponível em: < http://www.direitoshumanos.usp.br/i ndex.php/Documentos-anteriores-%C3%A0-cria%C3 %A7%C3%A3o-da-Socieda de-das-Na%C 3%A7%C3%B5es-at%C 3%A9-1919/declaracao-de-direitos-do-homem-e-do-cidadao-1789.html>. Acesso em nov. 2018.

227 [...] a Declaração era "um manifesto contra a sociedade hierárquica de privilégios nobres, mas não um manifesto a favor de uma sociedade democrática e igualitária. [...] os homens eram iguais perante a lei e as profissões estavam igualmente abertas ao talento; mas, se a corrida começasse sem handicaps, era igualmente entendido como fato consumado que os corredores não terminariam juntos. E a assembleia representativa que ela vislumbrava como o órgão fundamental de governo não era necessariamente uma assembleia democraticamente eleita, nem o regime nela implícito pretendia eliminar os reis. TRINDADE, José Damião de Lima. *História social dos Direitos Humanos*. São Paulo: Peirópolis, 2011, p. 57.

Domingo (atual Haiti)[228] pagaram com a vida a ousadia de exigir as mesmas liberdades frente ao Estado francês. O processo de luta por libertação do domínio colonial francês por parte dos escravizados de Santo Domingo foi duramente reprimido pelo Estado francês e a liberdade negativa da Declaração dos Direitos do Homem teve sua validade territorialmente delimitada pela diferença colonial, que afirmava aos europeus como sujeitos "mais livres" do que os caribenhos. Ademais os mencionados aspectos no tocante à liberdade e à igualdade, cabe salientar que o projeto político revolucionário precisou também de ajustes logo na sequência da ascensão ao poder da burguesia. Isto levou certo tempo, afinal:

> [...] para a surpresa dos liberais, ao realizarem suas revoluções, um novo ator político entrou em cena: o poder constituinte do povo incontrolável e ameaçador. As experiências de fundação dos regimes constitucionais inglês, americano e francês demonstram os esforços das classes dominantes em limitar e fazer desaparecer o poder constituinte do jogo político[229].

E prossegue:

> A política necessita de paz e estabilidade, ou seja, a revolução permanente não é possível [...]. O sucesso da revolução é a sua conclusão com uma construção positiva, uma nova ordem política. Este discurso político "normaliza" tudo por meio da redução da legitimidade à legalidade. Com discurso exclusivo da legalidade, a distinção entre normalidade e exceção perde o sentido, pois a exceção, ao ser legal, assume as vestes de normalidade. A forma institucional disto foi o constitucionalismo. O Constitucionalismo nasceu contra o poder constituinte, buscando limitá-lo[230].

---

228 Sobre o processo uma importante obra é: JAMES, C.L.R. *Os jacobinos negros*. Toussaint L'Ouverture e a revolução de São Domingos. São Paulo: Boitempo, 2000.

229 BERCOVICI, Gilberto. *Soberania e constituição*: para uma crítica do constitucionalismo. 2. ed. São Paulo: Quartier Latin, 2013, p. 45.

230 BERCOVICI, Gilberto. *Soberania e constituição*: para uma crítica do constitucionalismo. 2. ed. São Paulo: Quartier Latin, 2013, p. 45.

Com estes artefatos de domínio do campo político limitado pelo campo jurídico, estava garantida pelo Estado a proteção e a segurança (jurídica) imprescindíveis ao desenvolvimento do capitalismo e sua economia de mercado[231]. As estruturas de liberdade e igualdade transformadas em discurso jurídico encobriram as reais estruturas do poder político e possibilitaram o livre e desenfreado modo de dominação com base na apropriação desigual da produção das riquezas[232].

Estes fatores levaram ao que Damião Trindade classificou como primeira grande crise dos direitos humanos modernos:

> Assim, os efeitos combinados da Restauração e da Revolução industrial instauraram na Europa, ao longo da primeira metade do século XIX, o que pode ser chamado de uma primeira grande crise dos direitos humanos, desde que haviam sido formulados pelos filósofos racionalistas do século XVIII. Ela se configura de duas maneiras, como estagnação e como agravamento. Era como estagnação no plano institucional, devido à resistência, tanto da reação monárquica como dos liberais, a estender os direitos políticos aos trabalhadores. E era como agravamento no plano econômico-social, pois, além da convergência dessas duas forças no propósito de manter a igualdade

---

[231] BERCOVICI, Gilberto. *Soberania e constituição*: para uma crítica do constitucionalismo. 2. ed. São Paulo: Quartier Latin, 2013, p. 45.

[232] No artesanato feudal, como vimos tanto a produção quanto a apropriação de seus resultados estavam unidas na pessoa do artesão. No capitalismo concorrencial esses dois momentos sofreram cisão vertical: o novo modo de produção, com extremada divisão social do trabalho e meios de produção mecanizados, demanda o concurso de centenas ou de milhares de trabalhadores em cada fábrica, ou em fábricas sucessivas, agregando ainda trabalhos desenvolvidos virtualmente por toda a sociedade, desde a extração das matérias-primas até culminar na mercadoria acabada, mas a apropriação dos resultados dessa cadeia produtiva social passou a ser feita individualmente pelos proprietários dos novos meios de produção, que "redistribuem" uma parte desses resultados em forma de salários. A desigualdade, não mais pelo privilégio de nascimento, aloja-se no âmago do sistema – é inerente à sua lógica. TRINDADE, José Damião de Lima. *História social dos Direitos Humanos*. São Paulo: Petrópolis, 2011, p. 87.

em estado de raquitismo jurídico-formal (recusa em ampliá-la ao campo social), a Revolução Industrial havia também piorado dramaticamente as condições de vida dos trabalhadores[233].

Por outro lado, as dimensões seguiram sua evolução histórica alcançando as mudanças da sociedade industrial moderna, e atualizando o seu catálogo de direitos a partir das demandas por direitos sociais no início do século XX. A chamada dimensão da ação positiva do Estado que interveio nas relações entre autonomia individual e o capital ficou registrada pela concessão de direitos aos sujeitos coletivos marcados pelas relações de trabalho[234].

Os direitos sociais são caracterizados como a segunda dimensão dos Direitos Humanos e tornou-se clássico destacar os acontecimentos na Rússia em 1917, na revolução mexicana no mesmo ano e na Alemanha da República de Weimar em 1919[235]. Entretanto, é possível criticar a dimensão tão cara aos trabalhadores do mundo, tendo em vista que é uma importante forma de luta frente à exploração do capital? Evidente que sim; afinal, além de não eliminar o sistema de

---

[233] TRINDADE, José Damião de Lima. *História social dos Direitos Humanos*. São Paulo: Peirópolis, 2011, p. 88.

[234] O Welfare state não representa, absolutamente, uma mudança estrutural da sociedade capitalista. [...] tenta *compensar novos problemas que são subprodutos do crescimento industrial* em uma economia privada", ou mesmo na linha de Claus Offe, as realizações sociais do Estado de bem-estar são "*pobres compensações pelo que custa o crescimento industrial*" (OFFE *apud* ANDRADE, 1993, p. 85).

[235] [...] uma assembleia de maioria social-democrata reuniu-se em fevereiro de 1919 na cidade de Weimar – que emprestaria nome à nova república – e iniciou a elaboração da Constituição que seria promulgada em 11 de agosto de 1919. Se, em poucas palavras, fosse possível defini o caráter mais geral dessa Constituição de vida breve (duraria até 1933), as palavras poderiam ser estas: *uma tentativa de conciliação das contradições sociais*. TRINDADE, José Damião de Lima. *História social dos Direitos Humanos*. São Paulo: Petrópolis, 2011, p. 162, grifo nosso.

exploração do capital com a extração da mais-valia[236], os direitos sociais regularizam a exploração concedendo alguns direitos na forma de tempo mínimo de exploração, remuneração mínima pela exploração, período de recuperação da força de trabalho e remuneração pela incapacidade[237].

Porém, como se deram os direitos sociais na realidade histórica concreta em que os Estados nacionais latino-americanos foram inseridos de forma periférica no sistema-mundo capitalista? Em realidades como a *nuestramericana* só restou um precário mercado interno e uma dependente economia externa em que os direitos sociais sempre representaram para os setores hegemônicos da economia um entrave que deveria ser contornado, reduzido ou reformado. Talvez uma política de Estado como forma de garantir renda mínima no cenário miserável da economia regional.

Portanto, os direitos sociais como dimensão histórica positiva acabam encobrindo a real exploração dos sujeitos vivos no capitalismo moderno e, em realidades periféricas como a latino-americana, encobrem também a marginalização dos mesmos sujeitos que não são absorvidos pelo capital periférico. Esses sujeitos formam um exército de reserva[238] para exploração precária do sistema econômico regional. Como nem todos são incorporados, prevalecem altos índices de informalidade laboral e grandes contingentes ficam à margem do desfrute dos direitos sociais e são absorvidos pelo Direito

---

236 Chamo de mais-valia absoluta a produzida pelo prolongamento do dia de trabalho, e de mais-valia relativa a decorrente da contratação do tempo do trabalho necessário e decorrente da contração do tempo de trabalho necessário e da correspondente aletação na relação quantitativa entre ambas as partes componentes da jornada de trabalho (MARX, 2016, p. 366).

237 ENGELS, Friedrich. *O socialismo jurídico*. Tradução Lívia Cotrim e Márcio Bilharinho Naves. São Paulo: Boitempo, 2012.

238 DUSSEL, E. *1492, O encobrimento do outro*: a origem do mito da modernidade, conferências de Frankfurt. Tradução de Jaime A. Classen. Petrópolis: Vozes, 1993.

Penal, já que grande parte destes setores sociais dialoga com o Estado apenas nos tribunais e nas penitenciárias.

Logo, a inserção dependente na economia mundial[239], mesmo depois da independência política dos Estados Nações no continente, representa a sequência da colonialidade. Afinal, os eixos hegemônicos do capitalismo continuam no Norte global, determinando e influenciando as políticas internas dos países do Sul[240].

A classificação como terceiro mundo, economia em desenvolvimento ou mesmo periferia da economia mundial são formas de manifestação da colonialidade moderna na contemporaneidade. A afronta aos direitos sociais não é só um retrocesso como também uma perversidade que reabre o debate sobre esta manifestação de dominação econômica interna e submissão a determinações externas.

Assim sendo, o tema da segunda dimensão dos Direitos Humanos, quando atravessado pelo giro descolonial, revela o âmbito da dependência interna e externa como elementos centrais no debate da precariedade das relações econômicas e seus reflexos na sociedade, isso que não foi considerado no estudo a questão do passado de exploração dos escravos e seus efeitos na cultura, nas diferenças de oportunidade socioeconômica, elementos que também devem ser considerados na reflexão crítica de tal dimensão.

Já na terceira dimensão, que consolida os propósitos do enunciado político revolucionário francês, surge a fraternidade. Não obstante essa narrativa, vale recordar a reflexão do filósofo mexicano Leopoldo Zea:

---

[239] Sobre o tema ver teoria da dependência: SEABRA, Raphael Lana (Org.). *Dependência e Marxismo*: contribuições ao debate crítico latino-americano. 3.ed. Florianópolis: Insular, 2017.

[240] "Hay también un Norte global en los países del Sur constituido por las élites locales que se benefician de la producción y reproducción del capitalismo y el colonialismo. Es lo que llamo el Sur imperial" (SANTOS, 2010, p. 43).

Dos sucesos originan el tropiezo y hacen consciente al occidental de las limitaciones de su propia humanidad y de la semejanza con esta humanidad de los otros hombres, los no occidentales: la segunda gran guerra y la lucha de liberación que al término de esta guerra inician los pueblos coloniales. En la segunda los pueblos latinoamericanos serán como adelantados de la guerra de liberación. Una experiencia que luego se verá repetirse en Asia y Africa: por un lado la descolonización política y por otro la neocolonización económica y cultural. Cambios de metrópoli o cambios de explotación; pero de una manera u otra, subordinación, colonialismo, al que habrán que enfrentarse, también, de alguna forma[241].

Como é possível verificar o pós-segunda guerra revelou uma dimensão regionalizada do desenvolvimento dos Direitos Humanos até então. Ao longo do texto, Leopoldo Zea, trabalhando com autores franceses como Albert Cami e Herbert Marcuse, vai desvendando a emergência do outro (não europeu) como sujeito que interpela a totalidade moderna buscando mostrar o seu lugar na história, em especial apontando as catástrofes perpetradas na região hegemônica do globo terrestre, mesmo com a proteção enunciada em direitos.

Por esta razão, a ideia de fraternidade deve ser problematizada como projeto da modernidade, em especial porque a fraternidade, de acordo com Dussel[242], possui também outra cara: "[...] supone la unidad de la comunidad ante lo extranjero, lo otro, el enemigo (la hostilidad en la ontologia es la otra cara de la fraternidad)". Esta unidade da comunidade viu-se estabelecida desde a revolução francesa na Declaração dos Direitos do Homem e do Cidadão no seu artigo primeiro, e tal comunidade seria a dos cidadãos nacionais, já que o ideal de comunidade global jamais existiu nos paradigmas idealizados por Kant, muito por conta dos laços sociais de

---

[241] ZEA, Leopoldo. *La filosofía Americana como filosofía sin más.* México: Siglo XXI, 2012, p. 82.

[242] DUSSEL, E. *Pablo de Tarso en la filosofía política actual y otros ensayos.* México: San Pablo, 2012, p. 103.

proximidade e comunidade fraternal expressarem-se a partir do Estado-nação moderno nos vínculos jurídico-políticos de nacionalidade.

Considerando a reflexão acima, é possível expandir o contexto considerando a diferença que existe entre os membros de uma totalidade e os que se encontram na exterioridade. Isso tem estreita relação com as palavras de Leopoldo Zea acima, pois os sujeitos universais da totalidade eurocêntrica moderna são aqueles que comungam da mesma forma de organização da sociedade estatal-legal-racional sob o viés econômico do mercado de capitais.

Fora desta lógica encontram-se os Outros na exterioridade, na intempérie das sociedades globais, ou mesmo a periferia do mundo global. Esse Outro emergiu no pós-guerra na condição de interpelante da totalidade moderna colocando em crise seus arquétipos e provocando os direitos humanos ao expandir suas perspectivas aos horizontes da exterioridade. A crise do homem moderno anunciada por Leopoldo Zea é a dos paradigmas revolucionários da modernidade que no âmbito da fraternidade não alcançam as imensas maiorias do mundo.

Por esta razão, o período pós-colonial coincidiu com o pós-guerra, pois a emergência dos demais povos não foi uma preocupação geopolítica com o outro, mas a irrupção na crise moderna dos subalternos da ordem global hegemônica naquele momento histórico.

Assim sendo, E. Dussel[243] propõe que o conceito de fraternidade é insuficiente para dar conta desses sujeitos como Outros, e que a ideia de solidariedade seria mais adequada, pois:

> [...] usado en el texto griego procede de la raíz del sustantivo "entraña", "víscera", "corazón", y significa "conmoverse", "compadecerse". Deseamos escoger esta raíz para expresar el

---

[243] DUSSEL, E. *Pablo de Tarso en la filosofía política actual y otros ensayos*. México: San Pablo, 2012.

sentimiento de "solidariedad" (como emotividad crítica volcada a la exterioridad sufriente de la víctima). Es algo radicalmente diverso a la mera "fraternidad" de Derrida; pero tampoco es la compasión de Schopenhauer, ni la conmiseración paternalista o la lástima superficial. Es el *deseo metafísico del Otro como otro*[244].

A solidariedade coloca o sujeito vivo em questionamento de si e da sua totalidade, ao mesmo tempo em que abre para a interpelação do Outro como também sujeito vivo em condição precária e desfavorecida frente à mesma totalidade. Trata-se daquilo que Dussel chama de assumir a responsabilidade pelo Outro como outro, como Não-Ser da totalidade moderna (o índio, o negro, o pobre, a mulher, o órfão e os anciãos; cada um destes desde uma realidade histórica concreta de subordinação e dependência).

Para este movimento de ruptura da totalidade é necessário: "[...] la immediatez empírica de dos rostros humanos enfrentados, que cuando se 'revela' desde el sufrimiento de la víctima, en cuanto interpela *a la responsabilidade política por el Otro*, y exige la superación del horizonte de la Totalidad (el "salirse del camino" establecido)"[245].

A metáfora do sair do caminho estabelecido significa dar-se conta (conforme fez o homem moderno no pós-guerra) da totalidade totalizadora e da produção injusta que promove; é o tropeçar no outro quando interpela a sua condição negativa frente à negatividade da sua existência diante do sistema injusto. O tropeçar e sair do caminho estabelecido são a abertura solidária à dor do Outro como outro, como distinto, como exterioridade da minha totalidade, como denunciante da irracionalidade da racionalidade moderna, pois este Outro, na sua condição negativa, denuncia a irracionalidade da negatividade produzida pelo estabelecido.

---

244 DUSSEL, E. *Pablo de Tarso en la filosofía política actual y otros ensayos*. México: San Pablo, 2012, p. 106.

245 DUSSEL, E. *Pablo de Tarso en la filosofía política actual y otros ensayos*. México: San Pablo, 2012, p. 107.

Contudo, o pós-guerra assentou suas raízes na preocupação global e apostou na vocação internacional (universalizada) dos direitos humanos. Com a criação da Organização das Nações Unidas, novamente as potências mundiais reorganizaram suas forças políticas para o reposicionamento das diretrizes globais e, a partir de então, encabeçadas por uma nova ordem geopolítica concentrada na bipolaridade do Norte Global, apostaram as suas fichas na ideia do colonialismo econômico:

> [...] as potências coloniais (com a isolada exceção de Portugal) terminaram dando-se conta, já ao final da década de 1950, da conveniência de substituírem o colonialismo explícito – isto é, com a subalternidade jurídica e controle administrativo-militar direto daqueles territórios – por outro dominação igualmente eficaz, mas operada mediante a "simples" subordinação econômica. Já poderiam ser dispensados os laços coloniais, desde que mantido o controle externo da economia local: propriedade de grandes empresas, bancos, recursos minerais, etc.[246]

A este colonialismo Frei Betto nomeou de *Globocolonização*[247]. Em verdade, ambos os termos tentam dimensionar uma nova falha em nível global das ideias de dimensões evolutivas dos direitos humanos. Isto porque, ao mesmo tempo em que se anunciam pactos de direitos civis e políticos, vultosos contingentes do mundo, ainda não gozam de liberdade civis e políticas. Ou mesmo essas lógicas políticas encontram-se limitadas por regras jurídicas que cerceiam a participação política da sociedade; bem como, junto ao pacto dos direitos individuais de aplicação imediata, aparecem os direitos econômicos, sociais e culturais, com destinação programática ao Estado, mas que atualmente encontram obstáculos na real efetividade.

---

[246] TRINDADE, José Damião de Lima. *História social dos Direitos Humanos*. São Paulo: Peirópolis, 2011, p. 198.

[247] FREI BETTO. Prólogo. In: TRINDADE, José Damião de Lima. *História social dos Direitos Humanos*. São Paulo: Peirópolis, 2011, p. 11.

Deste modo, as desigualdades econômicas, as mazelas sociais e o desrespeito aos direitos culturais, em especial de povos autóctones e negros, encontram-se ainda fortemente presentes nos relatórios dos organismos internacionais de proteção dos direitos humanos.

Logo, Aníbal Quijano[248] classificou que essa dimensão global da economia mundial é um padrão de reprodução da colonialidade do poder, que agora não se dá mais no âmbito do domínio de uma nação sobre o poder político de outra nação, mas na faceta da hegemonia de grupos, blocos ou conglomerados econômicos.

Tal cenário implica uma globocolonialidade em que a hegemonia global do poder político passa a ser exercida de forma totalitária[249] não por Estados-nação, mas por conglomerados econômicos que impõem um regime de dominação aos moldes coloniais. Porém, dessa vez, sem a participação das elites locais ou regionais no processo de tomada de decisões, e sim como extensões mundiais das decisões por organismos com alta concentração de poder político-econômico.

A globocolonialidade manifesta-se na ascensão e hegemonia global do neoliberalismo. Esse mecanismo de proliferação dos seus desmandos ainda necessita dos Estados como órgão de disseminação jurídico-política das suas ordens e também como braço armado para impor tais condições aos sujeitos desviantes.

Mais do que uma teoria econômica, o neoliberalismo deve ser compreendido como um discurso hegemônico civilizatório; uma síntese de pressupostos universalizantes e valores

---

[248] QUIJANO, Aníbal. Colonialidade do poder, eurocentrismo e América Latina. In: LANDER, Edgard (Org.). *A colonialidade do saber*: eurocentrismo e ciências sociais. Perspectivas latinoamericanas. Colección Sur. Buenos Aires: CLACSO, 2005.

[249] RAMONET, Ignacio. *Régimes globalitaires*. 1993. Disponível em: <https://www.monde-diplomatique.fr/1997/01/RAMONET/4504>. Acesso em: 18 nov. 1993.

liberais em relação ao ser humano, à riqueza, o progresso, o conhecimento e a boa vida. A máxima do seu pensamento científico moderno é o que Lander chama de *naturalização das relações sociais*, que é a premissa de que as características da sociedade contemporânea são manifestações espontâneas de transformações naturalmente desenvolvidas ao logo da história, devendo-se considerar como história a história liberal. O neoliberalismo, deste modo, propõe-se como construtor de um senso comum na sociedade atual, pautando-se a eficácia do seu domínio nas relações de poder emergidas nas últimas décadas.[250]

Por esta razão, ao mesmo tempo em que os Direitos Humanos foram universalizados na égide da internacionalização, acabaram inclusos em um cenário global de um novo padrão de poder para o qual não estão preparados para enfrentar, tendo em vista que desde a sua primeira dimensão um dos principais êxitos revolucionário liberal foi isolar a sociedade política e civil numa relação hierárquica sob o manto do Estado de direito ao mesmo tempo em que liberou o mercado para os seus desmandos.

Finalmente, como foi possível perceber ao longo do texto, o debate do giro descolonial obriga a reposicionar a historicidade dos Direitos Humanos desde a realidade concreta em que tal discurso encontra-se inserido. Além disso, na próxima etapa será verificado como essas perspectivas descoloniais podem contribuir para revelar outras narrativas sócio-históricas que trazem conteúdos distintos, os quais foram invisibilizados pela evolução dimensional moderna dos direitos humanos.

---

[250] LANDER, Edgardo. Ciência Sociais: Saberes coloniais e eurocêntricos. In LANDER, Edgardo et al..*A colonialidade do saber:* eurocentrismo e ciências sociais: perspectivas latino-americanas. Conselho Latino-americano de Ciências Sociais (CLACSO), 2005.

2.4. POR OUTRA HISTORICIDADE HUMANISTA DESDE A REALIDADE *NUESTROAMERICANA*

Os debates acerca da descolonialidade e da modernidade têm se tornado frequentes nas pesquisas sobre os Direitos Humanos, principalmente nas últimas décadas com as crises do Estado nacional frente à globalização das fronteiras com a abertura para os temas multi/pluri/interculturais com a Convenção 169 da Organização Internacional do Trabalho (OIT) e com o aparecimento dos novos modelos plurinacionais no constitucionalismo latino-americano (recordando que estes últimos modelos emergiram das demandas dos povos originários, campesinos e movimentos sociais na realidade andina da América Latina).[251]

Considerando a relevância e a atualidade da discussão, faz-se necessário compreender a historicidade moderna dos Direitos Humanos, principalmente a partir das reflexões oportunizadas pelo pensamento crítico descolonial. Afinal, a modernidade é uma concepção histórica caracterizada por um recorte que exclui ou mesmo desperdiça várias experiências[252], com destaque para aquelas vivenciadas no cenário colonial periférico.

Essa etapa busca resgatar como luta por Direitos Humanos os fatos que são negligenciados no que tange às suas origens modernas, evidenciando que a versão moderna dos direitos humanos invisibiliza as contradições entre o colonialismo e

---

[251] WOLKMER, Antonio Carlos; MACHADO, Lucas. Para um novo paradigma de Estado plurinacional na América Latina. *Novos Estudos Jurídicos*, Itajaí, v. 18, n. 2, p.329-342, ago. 2013. Trimestral. Disponível em: <http://www6.univali.br/seer/index.php/nej/article/view/4683/2595>. Acesso em: 11 nov. 2014.

[252] SANTOS, Boaventura de Sousa. *A crítica da razão indolente*: contra o desperdício de experiência. 8.ed. Portugal: Cortez, 2011.

a modernidade[253]. Por esta razão, o objetivo é demonstrar outra historicidade[254], recuperando a ideia de criticidade da colonialidade e da imposição da modernização aos povos originários e escravizados através da violência, da subjugação e da ideia de guerra justa.

Posto desta maneira, a partir da invasão do "novo" continente nos séculos XV e XVI, a península Ibérica (em desta-

---

[253] "[...] esta comprensión de la Modernidad, consiste en que considera como "modernos" a los Estados castellano y portugués que realizaron la invasión, conquista y colonización de las tierras americanas. Al reubicar el inicio de esta etapa, y considerar que la Modernidad se construyó en Europa pero como efecto de una relación dialéctica donde se incluye la contribución de otras culturas y otros lugares geográficos, se abre la posibilidad de revalorar y recuperar ciertas experiencias acontecidas durante el siglo XVI en las "Indias occidentales". ROSILLO, Alejandro. *Los inicios de la tradición iberoamericana de derechos humanos*. México: Universidad Autónoma de San Luis de Potosí; Centro de Estudios jurídicos y sociales Mispat. San Luis Potosí/Aguascalientes, 2011, p. 45.

[254] Al considerar que la innovación del pensamiento filosófico propio de la Modernidad se inicia no con Maquiavelo o Descartes, sino desde Bartolomé de Las Casas hasta Francisco Suárez, es posible romper con ciertas barreras que impiden abordar con apertura la THDH. En este sentido, es viable superar las visiones que afirman la imposibilidad de considerar, en el discurso de los misioneros del siglo XVI, una defensa de "derechos de los indígenas" sino tan sólo la lucha por un "orden objetivo justo". Esta postura es producto, en parte, de una serie de presupuestos –productos de la razón metonímica y funcionales al imperialismo de las categorías– que invisibilizan las aportaciones novohispánicas a la Modernidad y que, como consecuencia, desprecian las luchas de dichos personajes a favor de los indios. A lo más, y como parte de la "falacia desarrollista", se les clasifica como "antecedentes" de la filosofía moderna, y no se cae en la cuenta de que en esas prácticas existen unas experiencias que expresan con fuerza la dimensión emancipadora de la Modernidad (temprana) y que terminó siendo superada e invisibilizada por la dimensión reguladora de la Modernidad (madura). ROSILLO, Alejandro. *Los inicios de la tradición iberoamericana de derechos humanos*. México: Universidad Autónoma de San Luis de Potosí; Centro de Estudios jurídicos y sociales Mispat. San Luis Potosí/Aguascalientes, 2011, p. 46.

que Espanha) foi centro de diversas discussões e conflitos políticos com respeito à legitimidade europeia em submeter os indígenas à escravidão. A postura na exploração e o sentimento de superioridade dos colonizadores provocaram as primeiras reações políticas ocidentais contra a negação da dignidade humana. Isso acarretou a formulação de novos discursos humanizantes a partir dos ensinamentos de teólogos cristãos, em especial no século XVI. Tais discursos podem perfeitamente ser localizados como questão de Direitos Humanos[255].

Entre as experiências mencionadas, podem ser considerados nos territórios que foram explorados pelos espanhóis, em especial o México, o Caribe e a América Central, o trabalho dos sacerdotes católicos, entre os quais se destacam Antonio de Montesinos, Bartolomé de Las Casas, Alonso de la Vera Cruz e Vasco de Quiroga. Estes sujeitos empreenderam discursos locais que se consolidaram como uma verdadeira tradição de luta pelos direitos humanos[256].

---

[255] "La praxis y el discurso de estos personajes cobran vigencia ante la circunstancias de la actual globalización. Ellos fueron los defensores de las primeras víctimas del actual sistema-mundo, que entonces se encontraba en sus albores. Las Casas, Veracruz y Quiroga – y otros más – fueron capaces de defender los derechos de los indios a partir del encuentro con y la interpelación del *Otro*, y mostraron que el fundamento material de derechos humanos es la praxis liberadora que persigue la transformación de los sistemas y las instituciones para hacer posible la transformación de las necesidades para la producción, reproducción y desarrollo de la vida." ROSILLO, Alejandro. *Los inicios de la tradición iberoamericana de derechos humanos*. México: Universidad Autónoma de San Luis de Potosí; Centro de Estudios jurídicos y sociales Mispat. San Luis Potosí/Aguascalientes, 2011, p. 21.

[256] ROSILLO, Alejandro. *Los inicios de la tradición iberoamericana de derechos humanos*. México: Universidad Autónoma de San Luis de Potosí; Centro de Estudios jurídicos y sociales Mispat. San Luis Potosí/Aguascalientes, 2011.

Isso se explica pelo fato de que a empreitada da colonização foi caracterizada pela relação controversa de três grandes interesses[257]: a evangelização com a busca de novas almas para converter ao cristianismo católico, a acumulação de riquezas pelos setores privados (os colonizadores) e, por último, os interesses do nascente Estado moderno[258] representado pela Coroa Ibérica do reinado católico de Castela e Aragão. A partir deste cenário, a invasão da América indígena representou, além do confronto de interesse interno entre os invasores, um vertiginoso processo de conquista, dominação e domesticação dos povos originários[259], resultando em atos desumanização e eliminação destes sujeitos autóctones.

É no contexto da desintegração cultural e da cotidianidade, no desaparecimento forçado dos povos indígenas, que diversos debates irromperam em defesa da causa humanista. As primeiras reações que se têm documentos oficiais partiram dos sacerdotes dominicanos na sua missão evangelizadora, em especial o famoso sermão proferido em 1511 pelo Padre Antonio de Montesinos, no qual reprovava o método espanhol de exploração econômica pelas *encomiendas*. Esse grito reivindicativo do viés religioso da conquista provocou objeções em vários outros religiosos que passaram a se compadecer das condições ultrajantes impostas aos povos originários. Algumas narrativas dos sacerdotes católicos foram pautadas pela denúncia às práticas da escravidão e opressão pelos colonos, apelando à ética universal do pressuposto de solidariedade, conclamando o mandamento cristão do amor ao próximo.

---

[257] Sobre esse ponto em específico ver: LIXA, Ivone Fernandes Morcilo; MACHADO, Lucas. *Cultura jurídica latino-americana*: entre o pluralismo e o monismo na condição da colonialidade. Curitiba: Multideia, 2018, pp. 112-139.

[258] No referido ponto, segue-se a tese de Enrique Dussel (1993) de que o primeiro Estado moderno é a Espanha.

[259] LIXA, Ivone Fernandes Morcilo; MACHADO, Lucas. *Cultura jurídica latino-americana*: entre o pluralismo e o monismo na condição da colonialidade. Curitiba: Multideia, 2018, pp. 57-64.

As questões levantadas por Frei Antonio de Montesinos foram pioneiras e marcantes para o início das reações ocidentais contra a prática da dominação indígena, escandalizando a rudimentar sociedade colonial. O resultado foi a conscientização de outros membros da Igreja Católica sobre a missão evangelizadora. Em especial, podem-se mencionar os estudos do Frei Bartolomé de Las Casas, que culminaram nas primeiras codificações protetivas aos povos indígenas no direito colonial[260] (conhecido como Direito Indiano)[261]. Reconhecia-se a liberdade destes povos e inicialmente regulamentando o trabalho no sistema de *encomiendas*, instituindo algumas limitações e obrigações aos encomenderos e, posteriormente, proibindo esta forma de exploração.

Dessa maneira, as indignações e exigências dos evangelizadores foram surtindo efeitos jurídicos, pois, a partir das constantes críticas e denúncias, os Reis Católicos acabaram editando novas legislações sobre o processo de colonização, em especial medidas protetivas aos povos indígenas. Isso objetivava frear a ganância das empreitadas privadas dos colonizadores e reorientar a prioridade da evangelização. Contudo, as legislações eram constantemente ignoradas; afinal, a dificuldade de fiscalização, somada ao fato de que a empreitada colonizadora garantia vultosos recursos financeiros aos cofres ibéricos.[262]

---

260 Sobre as leis protetoras dos povos indígenas, que foram resultados das exigências dos padres católicos, pode ser consultado: DE LA TORRE RANGEL, Jesús Antonio. Direito dos povos indígenas: da Nova Espanha até a modernidade. In: WOLKMER, Antonio Carlos. *Direito e justiça na América indígena*. Porto Alegre: Livraria do Advogado, 1998, pp. 219-242.

261 Sobre o tema ver: WOLKMER, Antonio Carlos. (Org.) *Fundamentos de História do Direito*. 10ª. ed. Belo Horizonte: Del Rey, 2019, pp. 467-480.

262 BRAGATO, Fernanda. Raízes históricas dos direitos humanos na conquista da América: o protagonismo de Bartolomé de Las Casas e da Escola de Salamanca. *Revista do Instituto Humanitas Unisinos*, v. 487, 2016.

Para fins do presente estudo sobre a visibilização de outras experiências históricas de Direitos humanos[263] como narrativa ao enfrentamento jurídico argumentativo sobre a questão da colonização dos povos originários a condição da humanidade dos sujeitos e o papel dos colonizadores na conquista e colonização do território recém invadido, vale recortar o acontecimento que ficou conhecido como "debate de Vallodollid"[264].

Esse debate que ocorreu na cidade espanhola que lhe empresta o nome deu-se por conta dos acontecimentos no "novo" continente impingindo ao rei espanhol Carlos V a convocação de uma reunião entre os anos de 1550-1551[265], na qual teólogos e juristas juntaram-se para debater acerca da legitimidade da exploração indígena, dos genocídios e das formas de tratamento a estes sujeitos.

Os debates foram protagonizados por figuras como Bartolomé de Las Casas e Juan Ginés de Sepúlveda, sendo que este era favorável à dominação, atribuindo aos nativos práticas como idolatria e canibalismo, o que evidenciava a sua natureza bárbara e servil. Sepúlveda não punha em dúvida a pertença dos indígenas à espécie humana, uma vez que a humanidade era condição necessária para a sua evan-

---

263 Para analisar outras experiências históricas invisibilizadas pela tradição moderna de direitos humanos, verificar: DE LA TORRE RANGEL, Jesús Antonio. *Tradición iberoamericana de derechos humanos*. México: Porrúa/Escuela Libre de Derecho, 2014; E, ROSILLO, Alejandro. *Los inicios de la tradición iberoamericana de derechos humanos*. México: Universidad Autónoma de San Luis de Potosí; Centro de Estudios jurídicos y sociales Mispat. San Luis Potosí/Aguascalientes, 2011.

264 Sobre o tema ver: WOLKMER, Antonio Carlos. (Org.) *Fundamentos de História do Direito*. 10ª. ed. Belo Horizonte: Del Rey, 2019, pp. 433-439.

265 Sobre o debate de Valladolid, ver: ROSILLO, Alejandro. *Los inicios de la tradición iberoamericana de derechos humanos*. México: Universidad Autónoma de San Luis de Potosí; Centro de Estudios jurídicos y sociales Mispat. San Luis Potosí/Aguascalientes, 2011.

gelização. Porém, não era contra a violência empregada e a justificava, incluindo os sujeitos do novo mundo na categoria de "sub-homens" em razão das suas práticas. Na opinião de Ginés de Sepúlveda a conquista era um ato emancipatório aos autóctones da sua condição de barbárie.

Tal argumento foi tão eficaz que justificou a prática de guerra contra esses povos mesmo sem resistência à evangelização, conforme afirma Sepúlveda:

> Isso mesmo se verifica entre os homens; alguns, por natureza, são senhores, outros, por natureza, são servos. Os que excedem em prudência e em gênio aos demais, ainda que não em força corporal, são por natureza senhores; pelo contrário, os tardios e preguiçosos de entendimento, mesmo que tenham forças corporais para cumprir todas as obrigações necessárias, são por natureza servos e é justo que o sejam, pois está sancionado pela lei divina. Porque está escrito no livro dos Provérbios: aquele que é néscio servirá ao sábio. Tais são as gentes bárbaras e inumanas, alheias à vida civil e aos costumes pacíficos. E será sempre justo e conforme ao direito natural que tais gentes se submetam ao império dos príncipes e nações mais cultas e humanas, para que, sob suas leis e suas virtudes, deponham a barbárie e se reduzam à vida mais humana e ao culto da virtude.[266]

Ginés de Sepúlveda acreditava que a natureza bárbara dos índios forçava-os à escravidão e que qualquer resistência legitimava a dominação com o intuito de convertê-los, sendo necessário impor uma "guerra justa". Para este jurista do século XVI, os naturais viviam em estado primitivo, sem os arquétipos europeus como a propriedade privada, as relações individuais, sem a religião católica.[267]

---

[266] SEPÚLVEDA apud BRAGATO, Fernanda. Raízes históricas dos direitos humanos na conquista da América: o protagonismo de Bartolomé de Las Casas e da Escola de Salamanca. *Revista do Instituto Humanitas Unisinos*, v. 487, 2016, p. 8.

[267] SILVA FILHO, José Carlos Moreira da. Da invasão da América aos sistemas penais de hoje: o discurso da inferioridade latino-americana. In: WOLKMER, Antonio Carlos. *Fundamentos de história do Direito*. 4.ed. Belo Horizonte: Del Rey, 2009.

Ademais, José Carlos Moreira Filho[268] recorda que nos argumentos de Ginés de Sepúlveda os povos originários do território recém-invadido eram duplamente culpados: primeiro por sua condição primitiva e segundo por negarem-se a se curvar frente à verdadeira cultura.

Por outro lado, o Frei Bartolomé de Las Casas testemunhava contra a crueldade sofrida pelos indígenas, tornando-se um grande porta-voz da causa destes povos e um dos pioneiros defensores dos Direitos Humanos no continente. Nos relatos do Frei Católico aparece a miséria e a condição animalesca em que padeciam os povos originários, sendo praticamente dizimados em poucos anos de conquista hispânica[269].

Entre os argumentos elencados no debate de Valladollid, Las Casas, diferentemente de Sepúlveda, reconhecia que todos os seres eram cristãos e que, portanto, não haveria uma desigualdade ontológica, bem como não era sensato iniciar uma guerra de extermínio e dizimadora para após intentar um ato de Evangelização. Após os atos de violência não haveria uma conversão à fé católica, mas uma submissão resultado do medo e da agressão.[270]

O padre não aceitava a imposição aos indígenas e reconhecia a liberdade de se recusarem à evangelização, o que para ele deveria ser respeitado, uma vez que a colonização deveria estar limitada à vontade e à liberdade dos indígenas. Para Las Casas, o domínio só poderia ser consequência da aprovação

---

268 SILVA FILHO, José Carlos Moreira da. Da invasão da América aos sistemas penais de hoje: o discurso da inferioridade latino-americana. In: WOLKMER, Antonio Carlos. *Fundamentos de história do Direito.* 4.ed. Belo Horizonte: Del Rey, 2009.

269 LAS CASAS, Frei Bartolomé de. *O paraíso destruído.* Tradução de Heraldo Barbuy. Coleção L&PM Pocket. São Paulo: L&PM, 2001.

270 SILVA FILHO, José Carlos Moreira da. Da invasão da América aos sistemas penais de hoje: o discurso da inferioridade latino-americana. In: WOLKMER, Antonio Carlos. *Fundamentos de história do Direito.* 4.ed. Belo Horizonte: Del Rey, 2009.

da nova religião por parte do colonizados, argumentos estes que serviram de alicerce para deslegitimar o direito dos espanhóis sobre as comunidades indígenas.[271]

Ainda, Las Casas fez um uso alternativo do Direito vigente na época[272], no qual questionava aos interesses dos colonizadores, em especial no sentido de que não era possível verificar nenhuma legislação em que estivesse amparado o direito de subjugar, maltratar e mesmo torturar até a morte os indígenas, seja por meio da violência direta seja do trabalho exploratório.

O Frei Las Casas considerava como documento jurídico fundamental da conquista a bula papal que concedeu aos reis Católicos os domínios sobre as terras "descobertas" no além mar. Com base nesse importante documento de caráter jurídico[273], o sacerdote recordava que não havia sido escrito em nenhuma linha a autorização para a matança indiscriminada, tampouco algum tipo de legitimidade jurídica que justificasse a ganância desenfreada para a acumulação de riquezas através da exploração dos povos indígenas.

O filósofo Enrique Dussel reflete da seguinte forma sobre a posição de ambos os argumentos acima:

> [...] O debate está no *a priori* absoluto, da própria condição de possibilidade da participação racional. **Sepúlveda admite um momento irracional (a guerra) para iniciar a argumentação;** Bartolomé exige que seja racional desde o início o *diálogo* com

---

[271] BRAGATO, Fernanda. Raízes históricas dos direitos humanos na conquista da América: o protagonismo de Bartolomé de Las Casas e da Escola de Salamanca. *Revista do Instituto Humanitas Unisinos*, v. 487, 2016.

[272] DE LA TORRE RANGEL, Jesús Antonio. *El uso alternativo del derecho en Bartolomé de Las Casas*. San Luis de Potosí: Universidad Autónoma de San Luis de Potosí – Comisión Estatal de Derechos Humanos – CENEJUS-CRT, 2007.

[273] ZAVALA, Silvio. *Las instituciones jurídicas en la conquista de América*. México: Porrúa, 1988.

o outro. [...] para **Bartolomé, deve-se procurar** *modernizar* **o índio sem destruir a sua alteridade**.[274]

Portanto, os debates de Valladollid foram um enfrentamento claramente jurídico na temática dos Direitos Humanos dos povos indígenas frente ao contexto da violência, da aniquilação e da subjugação dentro de um processo que pode ser classificado como primeira etapa da modernidade[275]. Nas juntas espanholas que trataram do tema, ficou evidente que esta relação de exploração foi o primeiro grande momento moderno, e mesmo internacional, envolvendo a questão dos Direitos Humanos, os quais devem ser visualizados desde a questão da colonialidade como dominação e subjugação dos sujeitos vivos.

Entretanto, esta experiência histórica, assim como outras não abordadas no presente estudo, é ignorada pela evolução histórica dos direitos humanos, já que sua periodização em dimensões é recortada a partir das lutas nas revoluções burguesas do final século XVIII, fazendo coincidir tais acontecimentos como início da modernidade e, por consequência, deixando como antecedentes à modernidade os relatos narrados nas linhas acima.

Por esta razão, faz-se necessária outra historicidade dos Direitos Humanos, a qual seja permeada pela criticidade e que possa recuperar outras experiências, ampliando a concepção e os cânones modernos sobre o tema. Trata-se, então, de redimensionar as doutrinas tradicionais para as práticas desde as realidades concretas dos povos nas suas lutas por liberdade e contra a dominação colonial que ceifou vidas. Para esta tarefa ganha importância o marco do pensamento crítico denominado giro descolonial *nuestroamericano*.

---

[274] DUSSEL, E. *1492, O encobrimento do outro*: a origem do mito da modernidade, conferências de Frankfurt. Tradução de Jaime A. Classen. Petrópolis: Vozes, 1993, p. 83, grifo nosso.

[275] Sobre essa classificação ver Dussel: DUSSEL, Enrique. *Materiales para una Política de la liberación*. México: Plaza y Valdez S.A., 2007a, pp. 195-214.

CONCLUSÃO

Pode-se concluir que houve, e ainda há, um projeto de dominação colonial com o intuito de homogeneizar os saberes e centralizar a forma de poder, criando uma perspectiva de universalização e hegemonia "Norte-USA-cêntrica". No primeiro momento do processo de invasão ainda não havia essa lógica de consciência de uma cultura homogênea perante os dominados, mas uma inferiorização de todas as formas de conhecimento e, também, criou-se a hierarquização das raças, legitimando a partir de então a ideia de racismo.

Todavia, houve naquele momento resistência tanto dos grupos indígenas como de escravos negros quando da intervenção dos missionários e representantes da coroa, tal qual narrado por Bartolomé de Las Casas e Poma de Ayala que relataram formas de insurgência diante da crueldade com que foram tratadas as comunidades autóctones.

A partir da legitimação e da exploração, passa-se a perceber as categorias e manifestações do projeto de dominação colonial. A colonialidade não foi um mero acaso que ocorreu em um tempo no qual povos ficaram submissos política e economicamente a outros. Trata-se de concentração de poderes que tem se manifestado, principalmente, na colonialidade do saber, do ser e do poder. A primeira tem como escopo desconsiderar qualquer forma de conhecimento que não pertença à realidade e noção eurocêntrica; a segunda surge com a lógica da hierarquização das raças, legitimando a dominação sobre os grupos que não estão enquadrados na totalidade; e a colonialidade do poder busca garantir que a concentração de todas as formas de poderes continue nas mãos das elites garantindo sua hegemonia.

Contudo, assim como houve insurgência no início da colonialidade, há também na contemporaneidade. Nas últimas décadas, têm ganhado força grupos de intelectuais que, aliados aos movimentos populares, buscam alternativas descoloniais e saberes a partir da lógica periférica latino-americana. Trata-se de um processo de superação da modernidade que se coloca como centro da história mundial e reconhecimento dos subjugados como atores e autores da própria história. Não como uma forma de dominação e saber absoluto, mas uma alternativa ao pensamento eurocêntrico, moderno e hegemônico.

Portanto, uma historicidade crítica dos direitos humanos é caracterizada pela recuperação das experiências de lutas concretas pela vida e liberdade dos sujeitos subjugados e condenados na modernidade. Estas lutas são dimensões de uma realidade histórica encoberta pela colonialidade em todo o seu potencial dominante. Assim, conclui-se que a colonialidade da historicidade moderna dos direitos humanos desperdiça experiências e realiza uma narrativa parcial das lutas concretas por direitos humanos, em que o pensamento crítico descolonial oferece uma abertura para o desencobrimento histórico e a reinvenção crítica dos direitos humanos desde *Nuestra América*.

BIBLIOGRAFIA

ANDRADE, Vera Regina Pereira de. *Cidadania*: do direito aos direitos humanos. São Paulo: Ed. Acadêmica, 1993.

BALLESTRIN, Luciana. América Latina e o giro decolonial. *Revista brasileira de ciência política*, v. 11, p. 89, 2013.

BARRETO, Vicente de Paulo; BRAGATO, Fernanda Frizzo; LEMOS, Water Gustavo. *Das Tradições Ortodoxas e Heterodoxas nos Direitos Humanos*: uma antologia. Rio de Janeiro: Lumen Juris, 2018.

BAUTISTA S., Juan José. Prólogo. In: HINKELAMMERT, Franz Josef. *Totalitarismo del mercado*. El mercado capitalista como ser supremo. Madrid: Akal, 2018.

BERCOVICI, Gilberto. *Soberania e constituição*: para uma crítica do constitucionalismo. 2. ed. São Paulo: Quartier Latin, 2013.

BRAGATO, Fernanda. Raízes históricas dos direitos humanos na conquista da América: o protagonismo de Bartolomé de Las Casas e da Escola de Salamanca. *Revista do Instituto Humanitas Unisinos*, v. 487, 2016.

CASTRO-GÓMEZ, Santiago; GROSFOGUEL, Ramón. Prólogo: Giro decolonial, teoría crítica y pensamiento heterárquico. In: CASTRO-GÓMEZ, Santiago; GROSFOGUEL, Ramón. *El giro decolonial*: reflexiones para una diversidad epistémica más allá del capitalismo global. Bogotá: Siglo del Hombre Editores; Universidad Central, Instituto de Estudios Sociales Contemporáneos y Pontificia Universidad Javeriana, Instituto Pensar, 2007.

CORTEZ, Hernan. *A conquista do México*. Tradução de Jurandir Soares dos Santos. Porto Alegre: L&PM, 2011.

DE LA TORRE RANGEL, Jesús Antonio. Direito dos povos indígenas: da Nova Espanha até a modernidade. In: WOLKMER, Antonio Carlos. *Direito e justiça na América indígena*. Porto Alegre: Livraria do Advogado, 1998.

———. *Tradición iberoamericana de derechos humanos*. México: Porrúa/Escuela Libre de Derecho, 2014.

———. *El uso alternativo del derecho en Bartolomé de Las Casas*. San Luis de Potosí: Universidad Autónoma de San Luis de Potosí – Comisión Estatal de Derechos Humanos – CENEJUS-CRT, 2007.

———. *Derecho y liberación*: pluralismo jurídico y movimientos sociales. Bolivia: Editorial Verbo Divino, 2010.

DUSSEL, E. *1492, O encobrimento do outro*: a origem do mito da modernidade, conferências de Frankfurt. Tradução de Jaime A. Classen. Petrópolis: Vozes, 1993.

———. *Filosofía de la liberación*. México: FCE, 2011.

———. *Materiales para una Política de la liberación*. México: Plaza y Valdez S.A., 2007a.

———. *Para una erótica latinoamericana*. Venezuela: Editorial El perro y la rana, 2007b.

———. *Transmodernidad e interculturalidad*. Interpretación desde la Filosofía de la Liberación. Ciudad do México: UAM, 2005a.

———. *Pablo de Tarso en la filosofía política actual y otros ensayos*. México: San Pablo, 2012.

———. Europa, Modernidade e Eurocentrismo. In. LANDER, Edgardo et al. (Ed.). *A colonialidade do saber*: eurocentrismo e ciências sociais: perspectivas latino-americanas. CLACSO, Consejo Latinoamericano de Ciencias Sociales – Conselho Latino-americano de Ciências Sociais, 2005b.

———. *Hacia una Filosofía Política Crítica*. Bilbao: Desclée de Brouwer, 2001.

ELLACURÍA, Ignacio. *Filosofía para qué?* San Salvador: UCA, 2013.

ENGELS, Friedrich. *O socialismo jurídico*. Tradução Lívia Cotrim e Márcio Bilharinho Naves. São Paulo: Boitempo, 2012.

ESCRIVÃO FILHO, Antonio; SOUSA JUNIOR, José Geraldo de. Para um debate teórico-conceitual e político sobre os Direitos Humanos como um projeto de sociedade. In: MOREIRA PINTO, João Batista; SOUZA, Eron Geraldo de (Org.). *Os Direitos Humanos como um projeto de sociedade*: desafios para as dimensões política, socioeconômica, ética, cultural, jurídica e socioambiental. Rio de Janeiro: Lumen Juris, 2015.

FANON, Frantz. *Os Condenados da terra*. Rio de Janeiro: Civilização Brasileira, 1968.

FREI BETTO. Prólogo. In: TRINDADE, José Damião de Lima. *História social dos Direitos Humanos*. São Paulo: Peirópolis, 2011.

GALLARDO, Helio. *Derechos Humanos como movimiento social*. Bogotá: Ediciones desde abajo, 2009.

―――. *Teoria crítica*: matrizes e possibilidades de direitos humanos. São Paulo: Editora Unesp, 2014.

GAOS, José. *En torno a la filosofía mexicana*. México: Alianza editorial, 1980.

GROSFOGUEL, Ramón. Para descolonizar os estudos de economia política e os estudos pós-coloniais: transmodernidade, pensamento de fronteira e colonialidade global. In: SANTOS, Boaventura de Sousa; MENESES, Maria Paula (Org.). *Epistemologias do Sul*. São Paulo: Cortez, 2010.

HERRERA FLORES, Joaquín. *A reinvenção dos direitos humanos*. Florianópolis: Fundação Boiteux, 2009.

HINKELAMMERT, Franz Josef. *Totalitarismo del mercado*. El mercado capitalista como ser supremo. Madrid: Akal, 2018.

JAMES, C.L.R. *Os jacobinos negros*. Toussaint L'Ouverture e a revolução de São Domingos. São Paulo: Boitempo, 2000.

LANDER, Edgardo. Ciência Sociais: Saberes coloniais e eurocêntricos. *In* LANDER, Edgardo et al. *A colonialidade do saber*: eurocentrismo e ciências sociais: perspectivas latino-americanas. Conselho Latino-americano de Ciências Sociais (CLACSO), 2005.

LAS CASAS, Frei Bartolomé de. *O paraíso destruído*. Tradução de Heraldo Barbuy. Coleção L&PM Pocket. São Paulo: L&PM, 2001.

LEÓN PORTILLA, Miguel. *A visão dos vencidos*: a tragédia da conquista narrada pelos astecas. Porto Alegre: L&PM história, 1985.

LIXA, Ivone Fernandes Morcilo; MACHADO, Lucas. *Cultura jurídica latino-americana*: entre o pluralismo e o monismo na condição da colonialidade. Curitiba: Multideia, 2018.

LYRA FILHO, Roberto. *O que é direito?* São Paulo: Ed. Brasiliense, 1995.

MACHADO, Lucas; PATRÍCIO, Ágatha July Goulart; CACIATORI, Emanuela Gava. *Pluralismo Jurídico*: no processo constituinte boliviano. Rio de Janeiro: Lumen Juris, 2019.

MALDONADO-TORRES, Nelson. Analítica da colonialidade: algumas dimensões básicas. In. BERNARDINO-COSTA, Joaze; MALDONADO-TORRES, Nelson; GROSFOGUEL, Ramón. Decolonialidade e pensamento afrodiaspórico. Belo Horizonte. Autêntica, 2018.

MALDONADO-TORRES, Nelson. A topologia do ser e a geopolítica do conhecimento. Modernidade, império e colonialidade. In: SANTOS, Boaventura de Sousa; MENESES, Maria Paula (Org.). *Epistemologias do Sul*. São Paulo: Cortez, 2010.

―――. Sobre la colonialidad del ser: contribuciones al desarrollo de un concepto. In: CASTRO-GÓMEZ, Santiago; GROSFOGUEL, Ramón. *El giro decolonial*: reflexiones para una diversidad epistémica más allá del capitalismo global. Bogotá: Siglo del Hombre Editores; Universidad Central, Instituto de Estudios Sociales Contemporáneos y Pontificia Universidad Javeriana, Instituto Pensar, 2007.

——. La descolonización y el giro des-colonial. *Tabula rasa*, n. 9, 2008.

MANCE, Euclides. Uma introdução conceitual às Filosofias da Libertação. *Revista Libertação-Liberación*. Revista de filosofia. Curitiba, v. 1, Nova Fase, 2000, p.49.

MARTÍ, José. *Nuestra América*. Barcelona: Ariel, 1973.

MARX, Karl. *O Capital*: Crítica da economia política. Livro 1: O processo de produção do capital. Rio de Janeiro. Civilização Brasileira, 2016.

MICHELET, Jules. *História da Revolução Francesa:* da queda da Bastilha à festa da Federação. São Paulo: Companhia das Letras, 1989.

MIGNOLO, Walter. El desprendimento: pensamiento crítico y giro descolonial. In: WALSH, Catherine; GARCÍA LINERA, Alvaro; MIGNOLO, Walter. *Interculturalidad, descolonización del Estado y del conocimiento*. Buenos Aires: Del Signo, 2006.

——. A colonialidade de cabo a rabo: o hemisfério ocidental no horizonte conceitual da modernidade. *In.* LANDER, Edgardo et al. (Ed.). *A colonialidade do saber:* eurocentrismo e ciências sociais: perspectivas latino-americanas. Buenos Aires: CLACSO, 2005a.

——. Desafios decoloniais hoje. *Revista Epistemologias do Sul*, v. 1, n. 1, p. 12-32, 2017.

——. In: WALSH, Catherine (edit.) *Pensamiento crítico y matriz (de) colonial:* reflexiones latinoamericanas. Quito: Universidad Andina Simón Bolívar, Ediciones Abya-Yala, 2005b.

——. La opción De-colonial: Desprendimiento y apertura. *Tabula Rasa,* Bogotá, pp. 243 – 281, 2008.

PAZELLO, Ricardo Prestes. *Direito Insurgente e Movimentos Populares:* o giro descolonial do poder e a crítica marxista ao direito. 2014. 545 f. Tese (Doutorado) – Curso de Direito, Universidade Federal do Paraná, Curitiba, 2015.

POMA DE AYALA, Felipe Guaman. *El Primer Nueva Corónica y Buen Gobierno*. México: Siglo XXI, 2006.

QUIJANO, Anibal. Colonialidade do poder e classificação social. In: SANTOS, Boaventura de Sousa; MENESES, Maria Paula (Org.). *Epistemologias do Sul*. São Paulo: Cortez, 2010.

──────. Colonialidade do poder, eurocentrismo e América Latina. In: LANDER, Edgard (org). *A colonialidade do saber*: eurocentrismo e ciências sociais. Perspectivas latinoamericanas. Colección Sur. Buenos Aires: CLACSO, 2005.

──────. Colonialidad y modernidad/racionalidad. *Perú indígena*, v. 13, n. 29, p. 11-20, 1992.

RAMONET, Ignacio. *Régimes globalitaires*. 1993. Disponível em: <https://www.monde-diplomatique.fr/1997/01/RAMONET/4504>. Acesso em: 18 nov. 1993.

RAMOS, André de Carvalho. *Curso de direitos humanos*. São Paulo: Saraiva, 2016.

ROSILLO, Alejandro. *Los inicios de la tradición iberoamericana de derechos humanos*. México: Universidad Autónoma de San Luis de Potosí; Centro de Estudios jurídicos y sociales Mispat. San Luis Potosí/Aguascalientes, 2011.

──────. *Praxis de liberación y derechos humanos*: una introducción al pensamiento de Ignacio Ellacuría. México: Facultad de Derecho de la Universidad Autónoma de San Luis de Potosí; Comisión Estatal de Derechos Humanos de San Luis de Potosí, 2008.

SÁNCHEZ RUBIO, David. *Derechos humanos instituyentes, pensamiento crítico y praxis de liberación*. Madrid: Akal, 2018.

──────. *Encantos y desencantos de los derechos humanos*. De emancipaciones, liberaciones y dominaciones. Barcelona: Icaria, 2011.

──────. *Encantos e Desencantos dos Direitos Humanos*. De emancipações, libertações e dominações. Porto Alegre: Livraria do Advogado, 2014.

SANTOS, Boaventura de Sousa. *A crítica da razão indolente*: contra o desperdício de experiência. 8.ed. Portugal: Cortez, 2011.

──────. Para uma sociologia das ausências e uma sociologia das emergências. *Revista Crítica de Ciências Sociais*, v. 63, 2002.

──────. *Refundación del Estado en América Latina*. Perspectivas desde una epistemología del Sur. Lima: Instituto Internacional de Derecho y Sociedad; Programa Democracia y Transformación Global. Também publicado na Venezuela, pelas Ediciones IVIC – Instituto Venezuelano de Investigaciones Cientificas, na Bolívia por Plural Editores, e na Colômbia, por Siglo del Hombre Editores, 2010.

──────. Para além do pensamento abissal: das linhas globais a uma ecologia de saberes. *Novos estudos-CEBRAP*, n. 79, p. 71-94, 2007.

──────. *A gramática do tempo*: para uma nova cultura política (Coleção para um novo senso comum; V. 4). São Paulo: Cortez, 2006.

SCHWARCZ, M. Lilia; STARLING, M. Heloisa. *Brasil*: Uma Biografia. São Paulo: Companhia das Letras, 2015.

SEABRA, Raphael Lana (Org.). *Dependência e Marxismo*: contribuições ao debate crítico latino-americano. 3.ed. Florianópolis: Insular, 2017.

SOUZA, Jessé. A elite do atraso: da escravidão à lava-jato. Rio de Janeiro: Leya, 2017.

SILVA FILHO, José Carlos Moreira da. Da invasão da América aos sistemas penais de hoje: o discurso da inferioridade latino-americana. In: WOLKMER, Antonio Carlos. *Fundamentos de história do Direito*. 4.ed. Belo Horizonte: Del Rey, 2009.

SOUSA JUNIOR, José Geraldo de. *Direito como liberdade*: o direito achado na rua. Porto Alegre: Sergio Antonio Fabris, 2011.

TRINDADE, José Damião de Lima. *História social dos Direitos Humanos*. São Paulo: Peirópolis, 2011.

WALSH, Catherine. (Re)pensamiento critic y (de)colonialidad. In: WALSH, Catherine (edit.) *Pensamiento crítico y matriz (de)colonial*: reflexiones latinoamericanas. Quito: Universidad Andina Simón Bolívar, Ediciones Abya-Yala, 2005.

——. Insurgency and Decolonial Prospect, Praxis, and Project In. MIGNOLO, Walter; WALSH, Catherine. *On decoloniality*: Concepts, analytics, praxis. Duke University Press, 2018.

WALSH, Catherine. *Interculturalidad crítica y (de)colonialidad*: ensayos desde AbyaYala. Quito: Abya Yala, 2012.

WALSH, Catherine. *Interculturalidad, Estado, Sociedad*: luchas (de)coloniales de nuestra época. Quito: Universidad Andina Simón Bolívar/ Ediciones Abya Yala, 2009.

WALLERSTEIN, Immanuel. *Análisis de sistema-mundo*: una introducción. México: Siglo XXI, 2005.

——. *Universalismo europeu*: a retórica do poder. São Paulo: Boitempo, 2007.

WOLKMER, Antonio Carlos. *Teoría crítica del derecho desde América Latina*. Madrid: Akal, 2017.

WOLKMER, Antonio Carlos; MACHADO, Lucas. Para um novo paradigma de Estado plurinacional na América Latina. *Novos Estudos Jurídicos*, Itajaí, v. 18, n. 2, p.329-342, ago. 2013. Trimestral. Disponível em: <http://www6.univali.br/seer/index.php/nej/article/view/4683/2595>. Acesso em: 11 nov. 2014.

WOLKMER, Antonio Carlos. *Introdução ao Pensamento Jurídico Crítico*. 9ª Ed. São Paulo: Saraiva, 2015.

WOLKMER, Antonio Carlos. (Org.). *Direitos Humanos e Filosofia Jurídica na América Latina*. Rio de Janeiro: Lumen Juris, 2004.

WOLKMER, Antonio Carlos. (Org.) *Fundamentos de História do Direito*. 10ª. ed. Belo Horizonte: Del Rey, 2019.

VILLORO, Luis. *El proceso ideológico de la revolución de Independencia*. México: FCE, 2010.

ZAVALA, Silvio. *Las instituciones jurídicas en la conquista de América*. México: Porrúa, 1988.

ZEA, Leopoldo. *La filosofía Americana como filosofía sin más*. México: Siglo XXI, 2012.

ZIMMERMANN, Roque. *América Latina o não ser*: uma abordagem filosófica a partir de Enrique Dussel (1962-1976). Rio de Janeiro: Editora Vozes, 1986.

editoraletramento editoraletramento.com.br
editoraletramento company/grupoeditorialletramento
grupoletramento contato@editoraletramento.com.br

casadodireito.com casadodireitoed casadodireito